线装国学经典

鬼谷子全书

第三册

〔春秋〕鬼谷子 著

李楠 编译

第七章　揣①篇第七

【阅读提示】

一、国家的决策者要懂得审时度势，权衡利弊得失，游说人主的人要懂得对对方心理的揣度。

二、揣情是哲学方法的综合运用，即首先对主客观条件进行分析，而后归纳，最后以此为依据进行演绎。

三、揣情在某种意义上来说是对客观材料的真实占有和对人性弱点的利用。

四、揣情并非一成不变，需要根据事物的发展规律适时做出调整。

五、揣情所造成的结果是不同的，甚至是完全相反的。

古之善用天下者，必量天下之权，而揣诸侯之情。量权②不审，不知强弱轻重之称③；揣情不审，不知隐匿变化之动静。何谓量权？曰：『度于大小，谋于众寡。称货财有无，料人民多少、饶乏，有余不足几何？辨地形之险易孰利、孰害？谋虑孰长、孰短？群臣之亲疏，孰贤、孰不肖？与宾客④之知睿孰少、孰多？观天时之祸福孰吉、孰凶？诸侯之亲孰用、孰不用？百姓之心去就变化，孰安、孰危？孰好、孰憎？反侧孰辩、孰知？能知此者，是谓量权。

①揣：推测对方的心理。

②量权：量是以秤称重量，权是秤所用的砣。

③称：又作秤，天平。

④宾客：古代称被礼遇称为军师和策士等人。

揣情者，必以其甚喜之时，往而极其欲也，其有欲也，不能隐其情；必以其甚惧之时，往而极其恶也，其有恶者，不能隐其情。情欲必知其变[①]。感动而不知其变者，乃且错其人勿与语，而更问所亲，知其所安[②]。夫情变于内者，形见于外；故常必以其见[③]者，而知其隐者；此所谓测深揣情。

①变：指好恶喜惧变化。

②所安：安身立命的根据。

③见：显现。

故计国事者，则当审量权；说人主，则当审揣情；谋虑情欲必出于此。乃可贵，乃可贱；乃可重，乃可轻；乃可利，乃可害；乃可成，乃可败。其数[①]一也。故虽有先王之道、圣智之谋，非揣情，隐匿无可索之。此谋之本也，而说之法也。常有事于人，人莫能先。先事而至，此最难为。故曰『揣情最难守司』。言必时其[②]谋虑。故观蜎飞蠕动[③]，无不有利害[④]，可以生事变。生事者，几之势[⑤]也。此揣情饰言成文章而后论之。

①数，通术。

②时其：抓住时机。

③蠕动：这里泛指能飞行、蠕动的小虫。

④无不有利害：世间没有不具备利害之心的东西。世上之事无不包含着利与害的因素。

⑤几之势：几，细微，细微的态势。

【译文】

古时候，擅长治理天下的人，必然会谨慎地把握国家的发展趋势，揣度各诸侯国的具体情形。如果不能周密切实地审时度势，权衡利害，就不会知道诸侯国的强弱情况。如果不能周密地揣度形势，便不知道个中隐蔽的情况和发展变化。

什么叫权衡得失呢？就是能准确揣测（对方）大与小，明察多和少，衡量财货有与无，预测百姓众与寡、丰足或者贫乏、不足与有余各有多少。（在战争中）分辨山川地貌的险要与平易，哪些于己有利，哪些于己有害，（研究计策时）哪个是长久策略，哪个是权宜之计。在君臣亲疏关系中，要知道哪些人贤德，哪些人不正派。在谋士与宾客中，哪个足智多谋，哪个是平庸之才。考察命运的福祸时，什么是吉利的，什么是凶险的。与诸侯交往中，谁是可以效力的，谁是不可以效力的。在判断老百姓的心理趋向时，哪种是平安的，哪种是具有危险性，什么是老百姓喜好的，什么是老百姓厌恶的；不顺从者，哪些要审察，哪些可以了解。以此明察百姓心理变化的趋势。在准确地把握上述事态发展变化之后，才能称为审时度势，权衡利弊得失。

揣摩人情、游说人主的谋士，应在对方最高兴的时候去游说，要使其愿望极度膨胀。只要对方有欲望，他就不愿意隐瞒事物的真实情况。而在对方怀疑、戒惧的时候去游说他，则要使其对所厌恶的事情恨至极点。倘若对方有所厌恶的事，此时也不会隐瞒其真实情况。（因为）对方在有欲求的时候，常会反映在他们外在的神态变化之中。如果对方有所感动，却不显露在外部神态中，先不要着急，不要与他直面地讨论，可与他说一些另外他所熟悉的东西，说一些使他感到亲近的事情，就可以知道他安身立命不露神色的依据。一般说来，心中的欲求，能形之于外部神态，因此，不时地察言观色，就能知道人的心灵深处的欲求。这就是所谓『测深揣情』。

因而，决策国家大事的人，必须会权衡得失利弊；同理，游说人主的谋士，也必须会揣摩人主的心理。策划、谋略、探察人的欲求，都是同样的一个道理。

揣情之术，可以使人富贵，也可以使人贫贱；可以使人有重权，也可以使人微不足道；可以使人受益，也可使人受害；可以使人成功，也可以使人失败，这些都是揣情之术产生的后果。所以，即使有贤明君王的大德，有上智之人的聪慧，若无忖度时势、探人心理的揣情之术，面对着隐藏了真实情况的事实，也依然不能识破它。由此可知，揣情之术是策划事物的基本条件，游说人主的基本法则。

事情发生在人们面前，往往人们难以事先预料。（事先预料）是一般人难以做到的。所以说揣情之术是最难以把握运用的。揣情之时，必须根据不同时势、情态做出判断。在现实中，连昆虫的飞行与蠕动，都是按照自身的生理规律而存在，应变于环境。世上万物都是利害共生，而且全在变化之中。

事情一开始，都会产生一种微小的态势。揣情者，就要用合情合理的言词装饰成文章，而后再与对方进行论说。

一、子产的施政方针

子产是春秋末期著名的政治家。年少之时，他就与众不同，很有政治眼光。公元前565年，子产所在的郑国攻打蔡国，抓到蔡国司马公子燮，这个消息让郑国举国欢腾，以为大胜。子产却忧虑地说：『我们郑国乃一小国，本不该轻易和人结怨，惹火烧身。如今和楚国的盟国交战，虽有小胜，却有大患，哪里值得庆贺呢？』

不久，楚国果然来攻郑国，郑国许久不得安宁。

子产为相后，当时郑国内忧外患，形势十分不稳。为了控制时局，子产提出了『宽以治世』的主张，他为此解释说：『现在百姓和朝廷的积怨很深，追其根源，还是从前执政者苛政扰民所造成的。如果我们不反省自己，革除陋习，加民以惠，百姓的怨恨便会愈加高涨，到了无法控制的地步，朝廷就难以维系了。这是当务之急，不这样做只能束手待毙。』

子产废止了朝廷的暴政，制定了许多有惠于民的各种措施，让民众畅所欲言，渐渐郑国走向安定。

一次，子产命贵族公孙段办事，事后赏他一座城邑作为嘉奖。子产的下属子太叔认为不妥，他进言说：『作为臣子，为朝廷办事本是分内之事，实不该赏他一座城邑。如果照此办理，郑国的城邑岂不都送给了他人，郑国又何以为国呢？这于理不合呀。』

子产告诉他说：『危难之际，当以宽待人，方能使人为国效力。一个人的欲望是固有的，让他满足了欲望，役使他也就可能了。只要事情有成，城邑并不足惜，何况城邑不能搬走，仍属郑国，国家并无损失啊。』

子产用此手段稳住了郑国大族，使之不生二心，努力为朝廷办事了。

贵族丰卷上书请求用新鲜野物祭祀祖先，这是君主才能享有的特权，子产自是坚决不允。丰卷召集兵卒准备作乱，子产在大夫子皮的帮助下打败丰卷，把他驱逐国外。郑国大王深恨丰卷放肆，下令没收丰卷的田地住宅，却不想子产出面谏阻说：『丰卷乃郑国大族，其家盘根错节，族人众多。大王如果重惩丰卷，抄没其家，必令其族人不安，反生变故。为大局计，大王只要宽容其罪，丰卷感恩不说，其族人必死命效国，大祸自消了。』

在子产的劝说下，郑王压下怒气，收回了成命。三年过后，丰卷感恩回国，其族人齐聚王宫门外，誓死报效郑王大恩。

子产在『宽以治世』的同时，并没有忘记采取『严』的手段。在大局已定的前提下，他对一些屡教不改、胡作非为的贵族严厉打击，不留半点情面。他对下属子太叔说：『治世，最上等的是用道德治理民众，其次也不可不用刑戮之法。像火一样，人们对它望而生畏，烧死的就很少；而水，看上去很柔弱，人们都不怕它，淹死的人就很多了。所以宽严都不能偏废，以宽为主的同时，做到宽严相济就无缺了。』

郑大夫徐吾犯的妹妹十分漂亮，贵族子南和子皙为了她而发生争斗。子产多次告诫他们遵纪守法，二人恃贵不听，在大街上相互砍杀，子南把子皙击伤，子产把子南流放到吴国。

第二年，子皙又生事端，率众和子南的族人再起冲突，公开群殴。子产此时不顾众人求情，坚持重惩子皙，他派人历数子皙的罪状，迫其自杀谢罪。子产执政二十余年，在他的治理下，郑国政治稳定，国泰民安，呈现出了前所未有的大好局面。

【品读】

消解仇怨的方法，并不是不讲原则，只知讨好别人便能奏效的。在这方面丧失立场，止无尽处，同样是对此中学问的误解和僵化，是一定要澄清的。宽厚作为为人态度和治国方略，讲究的是以德服人，以德释怨，如果此法在一些人身上并不奏效，那就只能加诸于严厉，使之乖乖就范。灵活多变、因人而异，其目的只在追求实效；手段多样，以变应变，才会掌握主动，得心应手。

二、宁失城不失信的晋文公

晋文公上台之后，便要图霸天下。他的大臣子犯却以为不可，他进言说：『主公新立，百姓不知主公仁德，纵是屈从也是心不在焉，主公哪有取胜的机会呢？倘若人心未服而争霸天下，必生变乱，到时晋国尚是不保，更难让天下人归附了。』

晋文公心领神会，他压下野心，首先在治理国事上树立仁德的形象，有损其声望的事他一点不沾，纵是委屈自己也欣然自慰。

由于当年晋文公帮助周襄王安定了王室，此时周襄王便赏他阳樊、温、原、攒矛四邑。四邑之中，只有原邑不愿归顺晋国，晋文公无奈起兵来攻。

原邑的首领原伯贯为了抗拒晋军，聚众参战，他散布谎言，欺骗原邑百姓说：『晋兵滥杀无辜，阳樊的百姓让晋兵都杀光』了。原伯贯的手下有人劝阻他说：『大人欺骗百姓，只能骗得一时，又何能为大人树立威信呢？大人当以德行号令百姓，这才是长久之道，否则原邑必失。』

原伯贯不耐烦道：『形势危急，我还考虑那么多吗？眼下保邑要紧，只要激起民心，什么事不可以做呢？』他如此说法，原邑百姓一时恐慌，纷纷武装起来，誓死保卫原邑。

晋文公和大将赵衰率兵前来，见原人同仇敌忾，心中暗惊。赵衰思忖片刻，他向晋文公建议说：『如此局面，皆因原人不信服主公之故，只要主公取信于原人，原邑不攻也可归主公所有。』

赵衰细陈其计，晋文公连连称好，于是他派人和原人约定，如果三天之内晋军攻不下原邑，晋军就自动撤兵。

原邑军民不信其言，只是拼死力战。晋军攻到第三天，这时有原人偷偷溜到晋军营中，向晋军说：『我们抵抗，都因听信了原伯贯的谎言。现在我们已经探知晋军并未杀害阳樊的百姓，所以议定明晚偷开城门，迎接你们入城。』

这样的喜讯，晋军将领听之振奋，遂不把先前约定之事放在心上。晋文公却不以为喜，坚持依约撤兵，他对劝他改变主意的各位将领说：『品行是一个人的最大财富，信用是维护品行的一大支柱，治国处事，都依赖它啊。我已有言在先，约定在前，如不守约示信，就是品行有失，谁会真正信服我呢？若为原邑让我愧对天下，我是不屑这样做的。』

第二天天一亮，晋文公就传令班师。原邑百姓见状，非常感佩，他们互相传颂说：『晋侯宁失城不失信，真是少有的有道之君，有这样的君主治理原邑，当是我们的福分，我们还担心什么呢？』

原邑百姓马上遍插降旗，许多人还出城追赶晋军，原伯贯阻止不住，只好乖乖投降了。

晋文公和赵衰单车进入原城，他丝毫不以征服者自居，反是礼下于人，十分谦恭，原邑百姓欢声雷动，场面十分热烈。

在如何处置原伯贯的问题上，有人主张杀之以树权威，晋文公不但不肯，还以王朝卿士的礼节相待原伯贯，他就此说：『杀人害命，乃不得已而为之，岂能轻言杀戮？我军既已获胜，当以养德安民为要，还是不杀的好。』

原邑之行，极大地提高了晋文公的威望，他的仁德传遍天下，为他日后争霸打下了良好的基础。

【品读】

品行的影响力，是强权和势力无法做到的。强权和势力可以教人暂时屈服，但不会让人心悦诚服，而这正是最大的隐患。一个人的失败可以有多种原因，如果他品行不失，就终有成功的转机。一个人的成功能找出许多理由，如果他品行不端，就不会善始善终，人们只有在心甘情愿的情况下，才能真正地尽心尽力，永不背叛，而品行不端的人无恩无义，自难使人为他效命了。

三、颜周的高论

战国时期，颜周为齐国的臣子，富有才智，贤德广传。

一次，齐宣王召见颜周，口气无理地招呼他说：『颜周过来！』

颜周听过即道：『大王过来！』

齐宣王脸上不悦，不待他出言相责，群臣已是交口指责颜周大不敬了，颜周似未听见，径直上前对齐宣王说：『大王出言不逊，我若应声上前，就是仰慕权势。大王若能屈尊上前，便是亲近贤士了。我想成全大王亲贤的美名，故有此语。』

齐宣王脸色更加难看，他连声冷笑，厉声说：『我不听你狡辩，我只问你，是国君高贵，还是士人高贵？』

颜周不假思索，马上回道：『自然是士人高贵了。从前秦国攻打齐国，下令不让人走到柳下季坟墓五十步之内打柴，否则处死。秦国还下令说，能斩得齐王头的，就封他为万户侯，赏黄金千镒。如此看来，活着的国君之头，却比不上死了的贤士之墓啊。』

颜周所言，招来群情激奋。左右臣子声讨颜周说：『大王为大国之主，身系天下安危，富有天下，四方皆服。而士人不过是个平民而已，一无所有，有的只能看守里巷，穷困潦倒。你竟颠倒黑白，胡说士人比大王高贵，还有比你更无耻的人吗？』

颜周神情无改，十分镇定，他向齐宣王一拜，然后坦然地说：『愚人之见，总是目光短浅啊，我不屑和他们辩驳了。我有真言，大王肯听吗？』

齐宣王强压怒气，闷哼一声，但听颜周接着说：『古时大禹为主，万国来朝，而如今却只有二十多国。为人主者若能尊重贤士，至仁至善，就不会以吞并他国为能，遭天下痛骂。这样的人求名心切，以为得意，不想天理循环，等到自己身死国灭，连士人的看守里巷都远远不及，何谈高贵呢？所以说看事物要长远，论事必触要害，不能说士人所求不得就是祸害，君王一时富贵就是福气。尧有九个助手，舜有七个诤友，禹有五个丞相，汤有三个贤佐，他们无人相助尚不能成事，何况别人呢？古之君王不以向贤士请教为耻，也不以向卑微的人学习为耻，这是他们的高明之处啊。君王有君王的短处，贤士有贤士的长处，君王有此明见，才会取长补短，以去隐患。凡尊重贤士者都誉存后世，为天下人崇敬，这便足以说明士之可贵了。』

齐宣王听得入神，颜周又进一步进言说：『《易传》所说：「处在高位而不务实际，光务虚名的人，一定表现为傲慢奢侈，祸患也就跟着来了。」士人无名无誉，反是无所烦恼，无所争执，却不遭灾害。所以说，一个人的贵与不贵并不能由他的身份来决定，只要他能不去空想，不心黑弄奸，他便安然无咎，没有惨痛之患难了。』

齐宣王至此全无怨怪之色，他惭愧地对颜周说：『听你一言，倒让我看清了小人的行径，令我顿开茅塞啊。你是当世高贤，若不深察世理，焉能有这般见识？请先生收我为学生，我要向你经常讨教。』

【品读】

获取名誉未必是福，得不到名誉也未必是祸，此理和塞翁失马相同。总有人会为求不到的名誉而忧，他们这是太在乎名誉所带来的好处了，实际上他们并不了解和珍惜名誉。笼罩着光环的人物，并不是人们想象的那样事事顺心、时时快乐，名誉所带来的压力和反作用也不是一般人所能承受的。从人生的意境上讲，得不到名誉并没有实际上的损失，相反却可尽享平凡的乐趣。

四、孟尝君的情谊

齐国的孟尝君以君子著称于世，他广招天下宾客，谦恭地对待他们，唯恐有一点不周之处。一次，孟尝君在夜晚招待宾客吃饭，其中一位宾客因灯光较暗，看不清别人吃什么，他嫌自己饭菜不好，以为孟尝君虐待他，就起身告辞。孟尝君猜出了他的心意，就拿自己的饭菜给他看，结果和他的一样。那位宾客自愧不已，当晚便自杀了。孟尝君痛不欲生，亲自祭吊他说：『先生虽有小失，却不肯自谅，致有死难之事，先生的大义无人能比了。其实，这都是我不察之责，先生何必认真计较呢？先生既去，真让我无地自容啊。』

孟尝君大哭，人皆流泪。有的宾客遂上前劝他说：『大人仁至义尽，要怪只怪他气量狭小了。大人礼贤下士，揽过在身，天下又有谁能和大人相比呢？』

孟尝君摇头道：『人死不能复生，他人既去，你不该责备他了。何况他死得壮烈，不是君子哪里有这等勇气与豪情？』

他斥责了劝说的宾客，亲写表文褒奖那死去的宾客。此事传出，投靠他的人更多了，他门下的宾客一时达到数千人之多。

宾客一多，难免有不良之徒混迹其中。孟尝君来者不拒，他的手下便劝他说：『天下贤才，原有通天之能，这样的人归我门下，自有大用。如今不肖之人滥竽充数，大人如不仔细甄别，无用事小，只怕会坏了大人的名声，让天下人耻笑。』

孟尝君开口即道：『才者无所不包，非你所见之俗也。我以好士自居，何能如小人一样用之便取？我诚心待人，自信人必诚心待我，如有亏失，我亦不能负人。这是君子大道，不这样何以安服天下呢？』

宾客之中有一人品行不佳，他竟与孟尝君的一位爱妾眉来眼去，日久竟干下私通之事。

有人将此事报知了孟尝君，十分气愤地向他建议说：『此人恩将仇报，与禽兽无异，大人若不将他处死，不但于大人声望有损，只怕也不能震慑他人哪。』

万不料孟尝君听之泰然，神色不动，只是默默无语。报告之人一时大急，又道：『大人宅心仁厚，不良之徒正是利用了大人的善良，才敢如此胡为。对待大恶之人就该以牙还牙，大人为何无动于衷呢？』

孟尝君苦叹一声，嘘声道：『事已至此，重惩何益？这都是我的爱妾把持不住，否则就大不相同了。男人喜爱美色是人之常情，我计较此事只会害我名声，加深仇怨，若是轻轻放下，对我对人不都是一种解脱吗？』

他压下不究，知情者都说他软弱，心中暗怪不止。

一年之后，孟尝君竟把那个宾客召到身边，对他说：『你投靠于我，自是希望出人头地，有所作为。今日有一机遇，卫国国君和我交情过密，我已为你备好车马银两，你就到卫国做官去吧。』

有了孟尝君的推荐，那位宾客在卫国受到了重用。他时刻不忘孟尝君的恩情，每思报答。后来齐国和卫国交恶，卫国想联合各国攻打齐国，那位宾客挺身而出，冒死进谏卫国国君说：『齐、卫两国的先王曾有约定，他们的子孙世代交好。臣无德无能，有幸为大王效力，也全赖孟尝君的无私荐举。大王若攻打齐国，不仅违背先王的盟约，也对不住孟尝君的一片好心，若大王不纳臣言，放弃攻齐的打算，臣就死在大王的眼前。』

卫国国君深为他的仁义所动，答应了他的请求。齐国转危为安，人们都说这是孟尝君不计前嫌、宽容大度所带来的福报。

【品读】

俗话说，『大人不计小人过』，要想成为君子，就必须拥有超过常人的雅量。世上的君子凤毛麟角，透过他们宽广的胸怀，人们更应看到他们超前的目光和不凡的见识。在君子看来，世间恩怨本是癣疥小事，若纠缠其中不能自拔，只会让人目光短浅，无法成就大事。何况修身养性，超凡脱俗，讲究的就是戒除俗见，洞悉世理，如果和平常人一样拘于俗情，其品德修养自然无从提升了，这对他们才是最大的损失。

五、乐毅的说明

燕国大将乐毅占领齐国七十余城，只剩下莒地和即墨没有攻下。乐毅围城数年，幸得燕昭王信任，才没有被治罪。

燕昭王死后，其子即位，是为燕惠王。齐将田单得知此讯，不禁大喜，他对手下将领大声说：『乐毅用兵如神，罕有敌手。从前他和燕君互相信任，彼此知心，方有大功。如今燕有新王，听说他为太子时就不喜欢乐毅，如此君臣有疑，我们有机可乘了。』

田单于是派人到燕国施反间计，到处宣扬说：『乐毅攻取齐国七十余城，却不肯拿下莒地和即墨，这是他想拖延时日，以便在齐国称王啊。他和燕国新王不和，此时最怕燕王派人取代他。』

燕惠王听到传言，果然中计，他本来就讨厌乐毅，于是派骑劫去齐国领兵，召乐毅回国。乐毅得此消息，召集亲信说：『我最担心的事还是发生了。大王新立，急于取功立威；他对我有怨恨，无故地将我撤掉。我深知大王的为人，分辩又有何用呢？现在燕国上下离心，只能走向衰败，我真是为大王感到忧心哪。』

有人鼓动他分庭抗礼，拒不交出兵权，乐毅不肯，他伤心地说：『灾难已显，我若如此，燕国就更加危险了。我不求有功，却也担心回国被杀，看来只能避祸他国了。』

乐毅逃到赵国，赵王十分敬重他，把他封到观津，号称望诸君。后来骑劫被田单打败，全部收复齐国被燕占领的国土，燕惠王损兵折将，名誉尽失。此时他才有悔意，又担心乐毅为赵国所用，讨伐燕国，于是他派人去责备乐毅一番，还向他略表歉意说：『你的大功无人可比，寡人并未忘记。寡人召你回来，只怕你过于劳顿，所以让你休息一下。寡人误用骑劫，固是不对，可你也不该投奔赵国，做出叛国之事。』

乐毅感伤流泪，唯有苦笑。他为表明心意，给燕惠王写了封长信，信中说：『我没有接受大王的命令，来至赵国，是担心回去受害啊。倘若如此，不仅有损先王的圣明，也有损于大王的道义。大王素有雄心，想早灭齐国；而我为使齐人心服，不敢贪功急进。大王怪我心怀异志，这真是冤枉我了，而我不想和大王争辩，让天下皆知大王和臣的怨隙。

『君若好大喜功，国必一日不宁。臣若牟取私利，民必一日不安。君臣都好名好利，争之不下，则国必危急难解。臣为燕国大义，这才忍辱偷生，臣是不想让燕国陷入君臣相攻之绝境啊！

『我听说，善于创造的人不一定善于成功，善于开始的人不一定善于完成。从前伍子胥为吴王阖闾所信任，因而阖闾能有攻进楚国郢都的大功。夫差把伍子胥的尸首装进皮袋扔入江中，直接导致了他的灭亡。伍子胥没有料到两个君主器量不同，所以遗恨难消，我不想像伍子胥那样。』

燕惠王看过来信，长叹声声。他对群臣悔悟说：『是寡人慢待乐毅了，也是寡人急于求成了。现在寡人才知道，君臣若不交心，相互信任，竟会导致如此下场啊。』

燕惠王重立乐毅的儿子乐间为昌国君，乐毅见燕惠王改过，也和燕国有了交往。他往来于燕、赵之间，两国都任命他为客卿。最后，乐毅死于赵国。

【品读】

上下不和，争权夺利，在名誉面前互不相让，直接导致了种种丑恶事件的发生，直至同遭废弃，身败名裂。名誉的取得和巩固，凭一人之力难以完成，不懂得谦让和放弃只能让私欲膨胀，各自为战，最终使人心涣散，互挖墙脚。在这种情况下，大的利益不保，个人的名誉也就成了无源之水、无本之木，最终会荡然无存。

六、郦食其的劝谏

秦末，陈胜、吴广起义后，天下大乱，群雄蜂起。郦食其满腹诗书，此时虽身陷困顿，但他却不肯轻易出山。他家乡的陈留郡高阳，先后有几十个将领路过此地，郦食其都不见他们，有人就对他说：『你足智多谋，当大有用武之地。如今机会来临，你为何不毛遂自荐呢？凭你的才华，相信必受重用。』

郦食其说：『我见天下群雄，不过大多是一些过客而已。我听说在此路过之人，不是器量狭小，就是刚愎自用，我若贸然现身，毁了我的清誉不说，和他们也难商宏图大略。我情虽急，但更要谨慎，倘若不加自抑，胡乱应承，是决难有所成就的。』

刘邦征战陈留之际，郦食其的一位同乡在刘邦手下做事，回乡探亲，郦食其却主动找上门来，对他说：『听说沛公傲慢无礼，可是很有韬略，是这样吗？』

他的同乡便说：『沛公最不喜欢儒生，真是到了厌恶的地步。他为人大度，只有这一点让人费解。』

郦食其让他在刘邦面前提起自己，他交代说：『你只要在沛公面前说有个「狂生」叫郦食其的，就可以了，其他的不要多说。』

他的同乡回去和刘邦说了此事，刘邦一笑道：『读书之人，都喜欢自命不凡，改日我一定见见此人，挫挫他的锐气。』

刘邦到高阳时，派人传召郦食其。郦食其来见刘邦，却见他正在两名女子服侍下洗脚，态度十分傲慢。他拱手一揖，并不跪拜，刘邦心中不快，正要责问，却听郦食其当先说：『沛公要帮助秦国进攻诸侯呢，还是要率领诸侯攻灭秦国？』

刘邦一听更气，忍不住破口大骂说：『我顺天举事，就是要灭强秦，救天下于水火，你连此事都不懂得，难到还要徒逞口舌之利吗？』

郦食其也是神情严肃，他大声说：『诛灭强秦，需有大德之人方能完成。我见你情态放纵，毫不知礼，如此若想感召天下士人，岂不白日做梦？你既有雄心大志，当戒除惰性，神态有敛有弛，怎么可以这样散漫接见长者呢？』

刘邦听罢神情一凛，他自知失礼，忙赔笑说：『大贤之人，当恭谨待之，恕我慢待先生了。』他不再洗脚，整衣戴冠，请郦食其上座。郦食其面上有喜，说道：『成大事者，必情有所规，如此方能有节有制，无失其德。大人厚待于我，乃是让天下人知道大人礼贤下士，有此仁名，大人一统天下也就指日可待了。』

刘邦连连道歉，郦食其于是又说起连横、合纵之术，他还献计说：『大人兵不过万人，若感情用事，凭此攻秦，实属危矣。大人少安毋躁，应待时机。陈留县令与我有旧，我可为大人使臣前去招降，请大人应允。』

刘邦大喜过望，遂命郦食其为使臣。郦食其百般劝说陈留县令，终使他归附刘邦，郦食其也因此功被封为广野君。

【品读】

放纵情感，迁就欲望，在很大程度上是自制力不强的直接表现。这方面不加自律，其后患是非常严重的。在社会环境当中，各个方面都对人有各种各样的约束；在处事规范中，并不会因个别人的要求而改变。这就决定了一个成熟的人，要想在社会立足发展，就必须克制自己的情感和欲望，而不能任性行事，否则就与社会大环境相悖，与社会整体相冲突，其个人理想也就无法实现了。

七、不唱高调的张释之

西汉文帝时，张释之和哥哥张仲一起生活，整日无所事事。张仲十分富有，一日他见弟弟闷闷不乐，于是问他说：『我们衣食无缺，富甲一方，弟弟为何如此不乐？』

张释之回答说：『男儿当取功名，权贵天下，似此养尊处优，一介布衣，又有何喜呢？』

张仲夸奖他胸有大志，遂广施钱财，为他谋得了骑郎官，为文帝效命。

张释之不乏才能，可十年过去，他仍为骑郎之职，一无升迁。张释之心灰意冷，决意辞官回乡，他对别人说：『十年耗费兄长钱财无数，我又尽心尽力，从不输于别人，看来我不是为官之材啊，不如早些罢手。』

中郎将袁盎知此消息，他找到了张释之，对他说：『你久不升迁，可知为什么吗？』

张释之一时哑声，许久方道：『这个我倒从未想过。』

袁盎看视他一眼，缓缓道：『你人聪明机智，又求名心切，所以凡事唯恐落于人后。不过，这只是你的小聪明罢了，人所共见的好事好言，你争之言之，在皇上眼里并不新鲜，别人也视你为敌手，如此焉有胜算？以后只要你言人所未道，从他人未知处下手，与众不同，定有功成之日。』

有了袁盎的指点，张释之雄心又起，不再辞官。袁盎帮他改任接待宾客的官职，张释之从此行事大变。一次，张释之随文帝去看皇帝的虎圈，文帝问上林苑的尉官各种禽兽的数目，尉官左顾右盼，回答不出。文帝又问了十多个问题，尉官都道不知。此时，管虎圈的啬夫官在旁解围，替尉官一一作答，文帝十分欣喜，他对张释之说：『身为尉官，竟不如啬夫官熟悉事物，可见尉官失职了。』

他的话人皆赞好，纷纷指责尉官无能，又夸奖起啬夫官来。张释之在旁没有附和众人，一语不发。当文帝让他传命任用啬夫官为尉官时，张释之却上前说：『陛下认为绛侯周勃如何呢？』

文帝一愣，随口道：『他忠实可靠，是难得的忠臣啊。』

张释之又问：『东阳侯张相如又是何样人呢？』

文帝再道：『他也是忠臣呐。』

跟随文帝的群臣不明张释之其言何意，但听张释之接着说：『他们二人都拙于言词，都有大功于国，忠贞不贰，可见观人任事，并不以善辩为要。秦朝任用舞文弄墨的刀笔吏，自以为功，不想那些官吏徒逞口舌之能，只注重法规条令，而不体察民情，终至衰亡。如果陛下今日因啬夫官能说会道而破格任用他，我担心此风一开，大小官员便不讲实效而争相巧言了，请陛下慎用此人。』

文帝听他一言，思之叫好。他放弃了对啬夫官的任用，对张释之刮目相看。他命张释之上车陪坐，一回到宫中，马上就任命他为公车令，为宫中的总管。

张释之骤得高升，人人称奇。张释之私下却向袁盎拜谢说：『如无大人指点，我哪有今日之荣？大人之恩，永世不忘。』

一日，太子和梁王同乘一车入朝，到了朝门也不下车。别人见之不怪，张释之却追上车子，把他们拦住。其他的大臣脸色有变，劝张释之不要自讨没趣，张释之不依不饶，他还向文帝上书，弹劾太子和梁王的不敬罪。文帝十分欣赏张释之的这一举动，他对群臣说：『维护朝纲，不媚于上，别人只是说得好听，可有谁似张释之敢作敢为呢？只此一节他便是朕的忠臣了，可托大任。』

文帝遂即下旨升他为中大夫。不久，又升他为中郎将。

一天，张释之又随文帝视察为文帝所建的霸陵，文帝伫立良久，对群臣说：『如果用北山的石头作棺椁，用麻絮塞紧缝隙，后用漆封之，定是坚固无比，不虑人能开启了。』

群臣轰然附和，人人争颂。张释之又反其道，上前奏言道：『此法果然无失，却终有一憾。倘若棺椁中无有诱人的珍宝，让人失去觊觎之心，就不必担心有人开启了。』

文帝一怔之后，随即领悟，连声夸奖张释之见识不凡。他愈加感叹张释之的与众不同，其后又重用他当了廷尉，宠幸非常。

【品读】

对利益的认识和判断，成功者和失败者是迥然不同的。人人都能见的好处，所争的人自然众多，由此产生的困难和障碍必然层出不穷，成功的概率也由此大减，纵是越众而出，也已元气大损了，这未必是真正的成功。而真正的成功者并不盲目趋众，他们总是独具慧眼，另辟蹊径，在人所未见之处挖掘出宝藏，从而赢取大利。

八、丙吉的大义

汉武帝晚年时，宫中发生了诬陷太子的冤案。太子的孙子刚刚生下几个月，也被株连关在狱中。丙吉在参与审理此案时，心知太子蒙冤，他几次为此陈情，都被武帝呵斥，他于是挑选一个女囚抚养皇曾孙，多加照顾。

丙吉的朋友生怕他为此遭祸，多次劝他不要惹火烧身，且道：『太子一案，乃皇上钦定，避之尚且不及，你何苦对他的孙子优待有加？此事传扬出去，人们只怕会怀疑你是太子的同党了，这是聪明人干的事吗？』

丙吉脸现惨色，却坚定地说：『做人不能处处讲究心机，不念仁德。皇曾孙乃是个娃娃，他何罪之有？我这只是看之不忍的平常之举，纵是惹上祸患，我也顾不得了。』

后来武帝有病，武帝又听传言说长安狱中有天子之气，遂下令将长安的罪囚一律处死。使臣连夜来至皇曾孙所在的牢狱，丙吉却不放使臣进入，他气愤道：『无辜者尚不致死，何况皇上的曾孙呢？我不会让人们这样做的。』

使臣不料会生出此节，劝他道：『此乃皇上旨意，你抗旨不遵，岂不自寻死路？』

丙吉誓死抗拒使臣，他决然说：『我非无智之人，这样做只为保全皇上的名声和皇曾孙的性命。事急如此，我若稍有私心，大错就无法挽回了。』

使臣回报汉武帝，汉武帝长久无声，后长叹说：『这也许是天意吧。』

他没有追究丙吉的事，反而从中有了不少悔意。他下诏大赦天下罪人，丙吉所管的犯人因为他的努力，才得以幸存。

多年之后，皇曾孙刘询当了皇帝，是为宣帝，丙吉却绝口不提先前他对宣帝的恩德。知晓此情的家人曾对他说：『你对皇上有恩，若是当面告知皇上，你的官位必会升迁。这是别人做梦都会想得到的好事，你怎么能闭口不说呢？』

丙吉微微一笑，叹息说：『身为臣子，本该如此，我有幸回报皇恩一二，若是以此买宠求荣，岂是君子所为？此等心思，我向来绝不虑之。』

后来宣帝从别人口中知晓丙吉的恩情，大为感动，夜不能寐，敬重之下，他封丙吉为博阳侯，食邑一千三百户。

神爵三年，丙吉出任丞相。在此任上，他崇尚宽大，性喜辞让，有人获罪或失职，只要不是大的过失，他只是让人休假了事，从不严办，有人责怪他纵容失察，他却回答说：『查办属官，不该由我出面。若是三公只在此纠缠不休，亲力亲为，我认为是羞耻的事。何况容人乃大，一旦事事计较，动辄严办，也就有违大义了。』

丙吉性情温和，从不显智耀能，不知情者以为他软弱好欺，无有真才，他也从不放在心上，改变心意。

一次，丙吉在巡视途中见有人群殴，许多人死伤在地，丙吉却问也不问，只顾前行。可看见有牛伸舌粗喘，他竟上前仔细察看，甚是关心。他的属官大惑不解，以为他不识大体，丙吉却解释说：『智慧不能乱用乱施，否则就无所谓智慧了。惩治狂徒，保境平安，那是地方长官之事，我又何必插手亲管？时为初春，牛气粗喘，当为气节失调，如此百姓生计必有伤害，这是关系天下安危的事，我焉能漠视不理？看似小事，其实为大，身为宰相，只有抓住要领，方能不失其职。』

丙吉属官恍然大悟，深为叹服。那些误解丙吉的人更是自愧不已，暗自惭愧，认为自己原是浅薄无知之辈。

【品读】

揣摩有着深刻的内涵，作为一种大智慧，它是因时而变、出奇制胜的一招妙法，也是深合事理、退中求进的处世哲学。相对只知冒进、急功近利者，揣度的运用就尤显珍贵。纵观无数失败者的症结，他们所共缺的不是智慧，就能说明这一点。一个人只有到了能克制智慧，潜藏智慧，进而慎使智计，他的智慧才是最无缺的，他才能在任何形势下应对自如，屹立不倒。

九、不偏听偏信的赵充国

西汉宣帝时，赵充国官居车骑将军之职，见识过人，谋断无双。

当时，羌人和汉人常有冲突，朝廷深为其苦。为了解除此患，汉宣帝派光禄大夫义渠安国出使西羌，安抚羌人。临行之前，汉宣帝对义渠安国交代说：『羌人狡诈，你此去重在察访实情，据实应对。』

义渠安国来至西羌，先零羌的首领盛情招待，好话说尽，表现得十分恭顺，义渠安国受其迷惑，一时将汉宣帝的吩咐忘之脑后。先零羌的首领提出迁移到湟水北岸放牧的要求，又谎言说此举可让羌人安定，义渠安国不及细察，痛快答应了他的请求，又上书力言此议的好处，让汉宣帝加以照准。

汉宣帝召集群臣就此商议，赵充国独具慧眼，他对汉宣帝指出：『羌人不谢罪上表，却先谋自安之道，欲求北迁，着实让人疑惑。义渠安国不深察其用心，就轻言上奏朝廷，失职大矣。以臣看来，此举包藏祸心，名为渡河放牧，实则是要与匈奴会合，对抗朝廷，陛下若是批准此议，西部边防将无宁日了。』

汉宣帝犹豫不定，此议便拖下未决。不久，羌人自渡湟水，当地郡县都无法拦阻，其意自明了。

汉宣帝深服赵充国的先见之明，急召他询问应对之策。赵充国凭着他对羌人的深入了解，向汉宣帝建议说：『现在敌情不明，行动就没有根据。依臣愚见，陛下要做好三件事。其一，派人巡视边防，查漏补失，做好应变准备。其二，时刻打探羌人动静，查清其虚实，做到心中有数。其三，立足长远，趁谷价低时，收购二百万斛粮食备用，以待他日征战。』

汉宣帝担心道：『如此兴师动众，多费钱财，万一羌人不是反叛，朝廷就损失大了，不如以后再实行吧。』

赵充国急切说：『有备方能无患，等到羌人公开反叛，事情就来不及了。形势既是这般危急，纵是有失也是值得，万不可坐视不理啊。』

汉宣帝经他苦谏，终被说服，赵充国这才出口长气。

汉宣帝神爵元年春，年已七十岁的赵充国主动请缨和羌人作战。他率大军渡过黄河。便见数百名羌军骑兵叫骂不止，前来挑衅。汉军将士十分气愤，纷纷请战，赵充国却眉头一皱，阻止众人说：『敌人虽是人少，在情况未详之前，也不可轻动。我军志在歼敌尽净，不可为这小股敌人所惑。』

他派出一队骑兵去前面山谷侦察，察看有无伏兵。又仔细察看四处地形，做着进退的各种打算。有人说他过于谨慎小心了，大可不必，他马上正色说：『凡事不能偏听偏信，行军打仗更是如此。若是轻敌冒进，不察敌情，又怎能做到战之必胜呢？一旦有失，军心撼动，势成土崩瓦解之局面，那便无人可救了。』

和羌人对峙之下，赵充国反复思量、不断探察之后，却坚守不出，天天用酒肉犒劳士卒，让他们养精蓄锐。朝中文武对此不解，都说他胆小怯战，汉宣帝也心有怨怪，亲下命令让他出击作战。赵充国就此给汉宣帝上书说：『臣受命平叛，早将生死置之度外，自不惜一死。然臣多方打探，已知羌人各部落并不同心，只要假以时日，必生内乱，是以订下缓战之策。我军以求胜为要，躁进只能多有损伤，臣非不战，乃待时也。』

汉宣帝打消了疑虑，收回了成命。他放手让赵充国指挥战事，不再横加干涉。不久，赵充国见羌人军心动摇，乱象已显，便准备大举进攻。羌人闻知此讯，不战自溃，纷纷逃窜，赵充国趁势发兵，以很小的代价就大获全胜。

【品读】

人心充满多种疑惑，这是正常的，也是必须要解除的。疑惑不能自动消失，不身体力行，不勇于实践，就永远找不到正确的答案。在疑惑面前止步不前的人，绝不是『揣』的智慧的显现，在是非不清的前提下，任何思想都是茫然的，更不可能是正确无误的，只有『揣摩人情』，才能最大限度地了解事情的真相。

一〇、扶危济困的第五伦

王莽末年，盗贼蜂起，天下乱成一团。年轻的第五伦团结族人和贫苦乡亲，修起了营垒，用以自救。铜马、赤眉等几十支军队都没有攻下第五伦的营垒，当地郡尹鲜于褒十分欣赏他的才能，收他做了自己的属吏。

第五伦后来掌管乡中诉讼和赋税之事，他深感责任重大，多次对下属交代说：『穷富成仇，只因财富不均，官多贪婪横取。我们执掌大权，一言一行都关系民生疾苦，绝不可干下害民贪占之事。现在民心多怨，只怕再扰民，民不堪受，你我就死无葬身之地了，各位务须谨记。』

征发徭役之时，上级官员授意第五伦多收钱财，第五伦一口回绝，他义正词严地对上级官员说：『民已穷苦不堪，再行加收于心何忍？朝廷官员，俸禄丰厚，衣食无忧，何致因些小钱与民结怨呢？』

他执意不肯，百姓虽得到了实惠，可第五伦却屡受打压，久不升迁，一气之下，第五伦辞官经商，改换姓名迁到了河东之地。

后来，鲜于褒把他推荐给了京兆尹阎兴，阎兴让他做了主簿。第五伦受命督铸钱掾，管理长安的市场。上任之后，第五伦统一了称和斗、斛的标准，严打欺诈行为，他召集商人警告他们说：『穷人多艰，你们致富不能见利忘义，行奸使诈。如此经商，必遭民怨，长此以往，人们恨意爆发，你们不仅无生意可做，只怕命也不保。若因此造成国家不安定，你们更是罪不可恕。』

第五伦严查死管，惩治了许多不法商人，长安市的秩序井然，百姓称颂不绝。

光武帝建武二十七年，光武帝刘秀下诏让他担任会稽太守。这是二千石的高官，但第五伦却以清贫作为家训，反复告诫家人说：『我为高官，俸禄优厚，遭人嫉羡是难免的事。若不知检点，以富压人，只会让人们的嫉恨愈加膨胀，说不定有一天大祸临头啊。时下百姓生活十分困苦，衣食尚忧，我们该扶危济困，化解隐患。』

为了省下钱财，第五伦亲自铡草喂马，他的妻子亲自下厨房做饭。他把自己的俸禄，只留下一个月的粮食，其余全部贱价卖给百姓中的贫困者。

有人劝他不必如此自苦，且说：『人各有命，以大人一人之力，能救得了天下穷人吗？大人清廉自守，不贪不占，已然不易了，何苦不敛家财、自损惠人呢？』

第五伦一笑说：『我出身贫寒，自知民之艰难。如今我侥幸得有富贵，岂能忘本？为官者不为百姓分忧，终遭人弃，我这是为我自己积攒功德，何必说得那么好听？』

他始终抱着平常心态以行善举，在百姓面前毫无官架，问寒问暖。当时，会稽的地方风俗，人们喜欢祭祀鬼神，不惜用自己的牛作为牺牲，浪费了大量财产，百姓家中都很困乏。第五伦面对陋习，倡言阻止，他的下属有的便对他说：『这种风俗，天长日久，百姓深信之。他们都说，如果自己吃掉牛肉，不用它来祭祀，便会患病，临死还会发出牛叫的声音。从前太守无一人敢下令禁止，大人何必自找麻烦？不如任其自便好了。』

第五伦斥其荒谬，马上写出檄文，颁告所属各县，宣布说：如果巫师假托鬼神欺诈、愚弄百姓的，立刻处死。百姓随意杀牛祭祀的，从重处罚。渐渐地，这种习俗被根除了，百姓生活安定，日子也比以往富足了。

永平五年，第五伦受人诬陷，被朝廷征召。获罪上路之时，当地百姓不分男女老幼鸣屈叫冤，一起追随押送他的车子，一同前行。给朝廷上书的官吏百姓有一千人之多，汉明帝听闻此情，也被感动，下诏赦免了他。第五伦出狱之后，动情地说：『大祸得解，这是百姓的功劳啊。我自愧施恩不多，所得的福报却是无法想象。』

【品读】

穷富差别造成的对立自古难去。穷人和富人互以为敌，严加戒备，由此激发的祸患层出不穷，双方的损失都是极为惨重的。消解双方仇怨的途径绝不是罕有，重要的是富者要戒除为富不仁的行为和狂妄的态度，真正放下架子，用心体会贫穷者的艰辛，而穷者也要摆正心态，不能因穷生恨，狭隘地视富为仇。没有人甘于贫穷，也无人富不思保，穷富之间只要善于应对、处置得当、各有所止，双赢的效果就会显现。

一一、史弼的操守

东汉时期，『党人之祸』盛行，大小官吏为了保住官位，多有乱抓『党人』的恶举。

史弼在任青州平原相时，捉拿党人的朝廷诏书颁行天下。史弼见之困惑，他召集属下，对他们说：『朝廷宦官专权，皇上已受蒙蔽，党人志在除奸救国，何罪之有呢？我决心不奉此诏，望你们周知。』

属下惶惶不安，有的便开口说：『党人已被定为奸恶，非大人一词便可开脱。何况此中是非，关系甚大，大人何必为了党人而得罪朝廷呢？这只能给自己招来祸殃，万万不可啊！』

史弼亦知利害，他还是坚持说：『为人若只知保全富贵，自不能犯险救难。可国家有难，就不该计较自身得失了。在此危急关头，正是考验一个人名节的时候，我不能舍弃忠义之心而害了天下义士。』

结果，别的郡不惜胡拉硬扯报上党人有几百之多，而史弼却是一个未报，坚称平原没有党人。

史弼的做法让朝廷动怒，连下诏书催问此事，青州的从事史还把史弼传去，厉声问他说：『青州下有六郡，如今五郡皆有党人，而平原却无一人，莫非是你包庇党人吗？』

史弼回答说：『党人一事，关系人们生死，身为朝廷官员，怎敢胡乱指认呢？各地水上风情自有不同，平原没有党人也在情理之中。如果让我为了一己之私，昧着良心诬陷好人，好向上边交差，这是我宁死也不愿的。』

青州的从事史见他耿直，无奈开导他说：『此乃朝廷大事，我们官小职微，自不必争辩太多。对别人是祸的事，对我们为官者却是难得的机遇，若为此事误了你的大好前程，岂不是咎由自取？』

史弼一听即怒，他大声说：『乱施淫威，害民获宠，这绝不是我的晋升之道。我情愿甘守贫贱，也不做这等伤天害理之事。』

青州的从事史于是举奏史弼知情不报，只因朝廷此时刚好下令停止捕捉党人，史弼才幸免于祸。

史弼在担任河东太守期间，权臣中常侍侯览一次派一个诸生送信请托他，让史弼举荐该诸生为孝廉。这在当时本是极为平常的事，却不料史弼为之大怒，他对属下说：『权臣当权，为非作歹，如果人人惧怕他们，当真国无宁日了。我官职不高，却想以身抗恶，这是仁人志士的本分。』

他的属下无人敢支持他，他的家人也反复劝他说：『你身处人下，一味犯上只会令自己蒙难。你既知厉害，自当趋利避害，为何还执迷不悟呢？』

史弼叹气说：『君子蒙难，有所为有所不为。倘若身处困境，只知明哲保身，仁义全失，生又何欢？若附势而升，一无所为，纵官高权重又有何益呢？』

史弼于是命手下把那个诸生关进监狱，当天把他拷问致死。侯览闻知暴怒，利用权势诬陷他诽谤朝廷，把他关进囚车送往京城。

侯览本来定了史弼的死罪，多亏有人用钱行贿于侯览，史弼最后才减免一死。史弼出狱后仍不改初衷，他常对人说：『在困厄时坚守操守是最难的，也是不走向罪恶的关键之处。』

【品读】

人的一生充满危机，如何应对危机，常常是人们走出低谷的关键。只有对人生的顺逆有了正确的认识，不怨天尤人、不自暴自弃、顺势而为的人，才能树立积极向上的人生态度，它可以让人在任何时候都勇于进取，不为任何困难所压倒。同时，良好的心态也会让人遵守行为规范，不走异端，在困厄之时保持君子本色。

一二、吴佑的善行

东汉时期的吴佑，其父曾为南海太守。吴佑十岁时，其父去世，他没有住处，清贫无依，却也不肯接受别人的馈赠。他以放猪为生，闲暇时坚持读书，他父亲的一位朋友挖苦他说：『你父为官清廉，乃至毫无家产，让人感叹。你虽是可怜，可也不该干放猪这种下贱活，你对得起你父亲吗？』

吴佑坦白说：『我父亲不谋私利，人们不以为耻；我放猪自存，又有什么可耻的呢？我正是遵循父亲的教导啊。』

吴佑后被推举孝廉，任新蔡县县令。他在任期间，对人宽容，不贪不占，深受百姓爱戴。有个豪绅托请他办事不成，遂诬告他徇私枉法，有人将此事报知吴佑，吴佑却主动上门，诚恳地对那豪绅说：『你诬告于我，本属有罪，可我却念在你一时情绪失控，所以不想追究。不过你所列举的不实之词，对我倒是有了提醒，以后还望你能监督我啊。』

那个豪绅本以为这是吴佑虚情假意，十分害怕他报复，可时间一长，他发现吴佑并没把此事放在心上。他又羞又悔，不仅亲自上门请罪，还四处宣扬吴佑的美德。

吴佑后来被提升为胶东侯相。他为政仁慈，常到民间调查民情。有人劝他应用重刑治世，吴佑却说：『百姓违犯律法，多是苛政所使，这是我们应自省的。如果我们为官者为民做主，不作威作福，我相信情况一定能有所好转，又何必依赖重刑呢？』

他言传身教，不久境内平安了许多。

一次，有个乡官孙性私收民钱，买衣服送给他的父亲，他的父亲知道真相，不收孙性的新衣，还教训他说：『吴大人公正廉洁，身为他的下属，你该以他为荣，又怎能败坏他的名声呢？』

孙性被父亲逼迫来见吴佑，说明实情，不料吴佑并没有深责他，只道：『为了孝顺父亲而背上不仁之名，这也不该啊。』他把衣服还给孙性，让他以自己的名义献给父亲。他用自己的俸银替他还了老百姓的钱，人们对此无不交口赞颂。

安丘县有个青年叫毋丘长。他在街上把调戏其母的醉汉杀死，逃到胶东。毋丘长被抓获时，吴佑对他十分怜惜，对他说：『人之愤怒，必考虑后果吉凶。你只知孝顺，却不知律法，以致夺人性命，满足一时的泄愤，我虽同情于你，却也不能赦免你的罪行。』

毋丘长闻言流泪，悔恨不迭。

吴佑问他有无妻子儿女，毋丘长说有妻无子。吴佑于是命人把他的妻子寻来，安排他们在监牢中过夜。

吴佑的下属以为不妥，出言劝阻说：『大人心肠良善，也不能有违监规啊。此事若让上司知晓，大人的罪责是逃不掉的。大人和他们非亲非故，为何冒此风险呢？』

吴佑感叹一声，吩咐他们严守秘密，他动情地说：『毋丘长不甘其母受辱，这才以身试法，其情可哀啊。我既不能免他死罪，让他留下子孙也是情理之中的事，只求各位明白我的心意吧。』

不久，毋丘长的妻子怀孕。到了临刑的时候，毋丘长哭着对他母亲说：『我不甘受辱，才会杀人获罪，辜负了母亲的养育大恩了。吴大人的大恩无以报答，我妻若是生个儿子，就叫他为「吴生」吧。』

吴佑知道此事，感慨万端，他借此常告诫百姓、下属要遵纪守法，绝不可鲁莽行事，胶东的局面更趋安定了。

【品读】

大度容人、忍辱负重，是成功者的一个基本素质。居于上位者，不仅能让人感恩不忘，也能借此树立自己的威望，增强自己的号召力。反之，如果当权者小肚鸡肠，完全凭自己的好恶行事，他就只能是众叛亲离、孤家寡人了。同时，身为下属者更要控制自己的情感，即使面对屈辱，也不能失去理智。如果只逞匹夫之勇，难担重任。

一三、与众不同的申屠蟠

东汉的隐士申屠蟠少时家贫，受人雇用做了漆工。他辛劳之余，刻苦读书，从不间断。同郡人蔡邕对申屠蟠十分看重，在州府征召时，他便极力推荐申屠蟠，上书说：『俗人为小利奔忙，看似聪明却无大志，于国并无帮助。申屠蟠少小志大，即使身陷困境，亦能发愤苦读，可见他乃不俗之人。他父亲去世，申屠蟠孝心动天，几乎毁形灭身。他体察道理，保持自然本性，不因外界改变自己的形体，也不因穷困和显达而改变自己的节操，这绝不是一般人所能做到的。』

朝廷征召他做陈留郡的主簿，申屠蟠的亲友闻讯都来向他表示祝贺，申屠蟠热情招待众人，却对他们说：『为朝廷做事，本来是每个臣民应尽的责任。我自愧德识不够，担不起这样大的责任，所以我是不想应召赴任的。』

此话令他的亲友大惊失色，他们纷纷劝他，有的还责备他说：『征召为官，这是多少人羡慕的事啊，你怎会轻易放弃呢？一为官吏，身份立变，利益多了，这是无论如何都不该推辞的。你读书修习，苦熬多年，还不就是为了这一天吗？你太让人莫名其妙了。』

申屠蟠避开众人，索性隐居起来，研习五经和图谶之学。他的好友一次和他恳谈，旧事重提，申屠蟠意味深长地说：『我看天下已有乱象，朝廷又是昏暗迂腐，这才醉心治学，以避其祸。人们只见当官的人好处多，却不知身处官场的风险，他们怎会理解我呢？从古到今，不通晓这一点的人，又有几个能保全自己呢？我不便当众说明，只怕他们的误解永难消除了。』

太尉黄琼征召他到京师做官，他一口回绝。黄琼去世后，他的遗体被运回江夏郡埋葬，申屠蟠却不请自来，以表敬意。当时参加丧礼的名豪富绅有六七千人之多，只有南郡的一个儒生和他攀谈。申屠蟠和他分手的时候，那个儒生却说：『你没有被聘请，竟来此祭吊太尉，想不到却让我们有缘相会，希望下次还能见到你。』

申屠蟠闻言色变，马上说：『我不屑与俗人交往，这才和你交接。想不到你貌似不俗，却也是个拘于礼教，喜欢攀附权贵的人！』

他从此再也没和那人说话，他就此对家人感慨地说：『让人迷失本性，利实在是害人的东西。人们都想从中捞取实惠，却不知不觉把自己的人格和尊严都赔进去了，到头来他们又能得到什么呢？我真是无法理解啊。』

在京师游学的汝南郡人范滂非议朝政，名声很大，一时人人效仿。很多公卿不惜降低身份居于他的门下，太学生对他也极为崇拜。有人就此事对申屠蟠说：『时下崇尚学问，文章将兴，先生何不仿效范滂呢？这是有百利而无一弊的好事，切不可错过了。』

听罢此言，申屠蟠却哀声一叹，他目光向天，缓缓道：『今日之利，未必是他日之福。在此目光短浅，随波逐流，又怎保无失无损呢？战国时代，文士议论无忌，争鸣不断，各国君王为己之利，恭敬待之。最后，坑杀儒生，焚烧书籍的祸患却发生了，依我看来，这样的事不久就要重演了。』

人们都笑他不识时务，出口相讥。申屠蟠于是隐居在梁国砀县一带。两年之后，范滂等人纷纷遭祸，被处死和下狱的人有几百人之多，人们不禁对申屠蟠的先见之明深表叹服。

【品读】

利益的取舍，折射出人们的思想境界和见识高低，也从根本上决定了一个人的发展前途和事业成败。能够揣摩出事物发展的规律，并且懂得趋利避害的人，是非常有智慧的，所以说『揣』给人带来的好处是其他事物无法相比的。

一四、包咸的气度

东汉末年，包咸在长安拜博士右师细君为师，跟他学习《鲁诗》和《论语》。一次，他和人为学术上的事争辩不休，他的恩师便对他说：『为人要有理有节，有进有退，治学也是如此。你得理不饶人，凡事都要辩个是非曲直，这本身就是有失教化的大道了，如能恭敬对人对事，不但让人心悦诚服，更能多积人望，感化天下，这不是最大的收益吗？』

包咸思之再三，依道而行，果如恩师所言，他的名望日有所增。

王莽当政末年，包咸在返家途中，被赤眉军抓获，扣留在军营之中。和包咸关在一处的有很多人，他们吵吵闹闹，连呼冤枉。包咸便对他们说：『我们身陷险境，本应该镇定自如，伺机脱身，可是你们只知哭闹，方寸皆乱，又有何益？』

其他人听包咸如此说法，十分愤恨，他们大骂包咸，还痛打他一顿。

包咸并不嫉恨他们，一待夜深人静，他又开导他们说：『我们身入虎口，危在旦夕，如果只想活命放肆胡为，反让贼人愈加轻视于你，结果会更加对己不利。』

那些人又出言喝止，包咸无奈只好作罢。

包咸身在难中，从早到晚，仍是诵读经书习卷，一如平常。赤眉军的一个头领见他态度从容，深以为怪，于是单独审问他说：『你死在眼前，为何还要读那些无用的书呢？』

包咸笑着回答说：『有用与无用，岂能由人而定？诗书乃读书人的宝物，书中所言俱是圣人的教诲，你们也许把它当作无用之物，而我却视它如命。』

那个头领心头一震，口中却说：『我不读诗书，而你的生死却掌握在我的手中，只要你说一句求饶的话，我就放了你。』

包咸心中一苦，却凛然道：『我本无罪过，如若贪生怕死，媚人下贱，真是玷污了读书人的神圣身份，这不是我所能做到的。』

赤眉军对他十分敬佩，最后竟放了他，而和他关在一起的其他人却无一生还。

光武帝刘秀登基后，听闻包咸的仁德，便征召他入朝为官。他初入官场，因不肯趋炎附势，屡遭别人打击和诬陷。正直之士于是对他深表同情，有人就对他说：『你重仁重义，这是君子的美德啊。不过既在朝为官，也该有所变通才好。』

包咸谢过，却仍坚持说：『我一介书生，得蒙皇上厚爱，敢不誓死报效皇恩？朝廷风气败坏，多讲权术，人人只谋私利，就让我一人有所不同吧。』

一次，朋友替包咸运作升迁之事，包咸知道后却极力阻止，他的朋友便生气说：『你只知苦干，不晓官场之道，这对你并无好处。我好心帮你，谁知你竟迂腐至此，你会后悔的。』

包咸满脸赔笑，解释道：『仁德乃我毕生所求，此为大也，焉能为了求一官职而一旦尽失？你意为善，却不知我的志向啊。』

包咸的卓然不群，渐渐为光武帝所注目，他让包咸教授皇太子《论语》，当了他的老师。当群臣就此议论惊怪时，光武帝于是在朝堂上对群臣解释说：『不争不显、宠辱不惊，说得容易，又有几人能真正做得到呢？包咸不求私利品行端正，这样的人不重用提拔，岂不是让天下君子寒心？由他教导太子，朕才放心啊。』

包咸高风大德，在人所侧目之时，他仍能保持本色。汉明帝继位后，见自己的恩师生活清苦，便常常格外赏赐给他珍宝财物，他的俸禄也高于其他大臣。包咸常施舍救济贫穷的儒生，他乐此不疲，还告诫他们说：『仁德不是靠攫取所能得到的，有了仁德这才是做人成事之本，其利大焉。』

【品读】

在利益面前，人们总是不肯退让的。利益可以驱使人们做出自己都意想不到的事来，甚至以身犯险，不择手段。对利益的追求无可厚非，问题是如果偏离了正常轨道，只是就利言利，见利就争，什么利都想占为己有，势必会违法乱纪，多树强敌，使自己陷于孤立和有罪的泥潭，不能自拔。在利的诱惑下，人们如果丧失理智，心存贪念，就会步步走向沉沦。

一五、自请有罪的皇甫规

皇甫规是东汉的著名将领，他富有军事才能，多次立功，在朝廷中享有盛名。

皇甫规身为平民时，就苦读兵书，不知他大志的人就耻笑他说：『我们都是平民百姓，求利居家当安分守己，方能度日。现在你不务正业，研习兵法，这可不是我们该干的事啊。』

皇甫规一笑说：『生而为人，当做一番大事，亦求大利。我今日所学，正是他日出人头地的资本，否则以何资本出人头地呢？』听了他的话，人们更加耻笑他，说他白日做梦。

汉顺帝永和六年（141年），西羌进犯三辅一带，围困安定郡。征西将军马贤率各郡之兵，反击羌兵。

皇甫规观看马贤演兵之后，一眼便知马贤不懂军事，于是他上书安定郡守说：『羌兵来犯，气势汹汹，不知其弱者，焉能灭之，我看马贤将军不通兵理之道，只贸然轻进，将来必为羌兵所败。』

此书发出，皇甫规的朋友都为他的安危担心，他们对皇甫规说：『军中大事，关系重大，你一介布衣，岂可轻言？我们深知你久困求显，方有此举，可万一不中，当有性命之危。』

皇甫规平声说：『大丈夫建功立业，需知天道人理，我之所为，乃顺应其势，绝不敢任性胡言，你等休要担心了。』

时间不长，马贤的兵马果然被羌兵消灭，安定郡守深服皇甫规之能，便将此事和郡中守将言明。郡中守将奇异之下，于是任命皇甫规为功曹，让他带领八百精兵，同羌人作战。

皇甫规的成功，让他的朋友又惊又喜。有的人便投靠于他，向他建议说：『多多杀敌，是你我的晋升之道。你多有奇才，当乘胜出击，以建大功。』

皇甫规不为所动，认真地说：『行军打仗，应慎重多虑，岂同儿戏？我们若只想贪功，四面出击，必死无疑了，你等勿躁。』

皇甫规稳扎稳打，不求虚名，只求必胜，他几番放弃没有把握的战斗，结果羌人对他十分畏惧。

羌人造反，实因当地官员贪婪残暴所逼。皇甫规又了解到当地官员的许多劣行，于是他决心为民除害，向朝廷上报他们的恶行。他的朋友极力劝他，不要犯险上书，还警告他说：『此地官员之所以胆大妄为，原因是他们倚仗朝中权贵，无人敢管。你屡经血战，得官不易，若是因此冒犯了他们，丢官不说，只怕性命也难保了。』

皇甫规长笑一声，却道：『他们无法无天，皇上定然不知，我若因此得罪了权贵而让皇上高兴，你们说结果如何呢？何况这是关系到天下安危的大事，我岂有不问之理？』

他直言上书皇帝，将其罪行一一陈列，无懈可击，且说：『羌人之患，乃官逼民反，若去贪官污吏整肃吏治，必深得民心，万众拥戴。此乃根治祸患之法，臣深信恶官一除，羌人必大感天恩，不再生事。』

汉顺帝为其说动，于是将那些官员或杀或免。消息传开，羌人拍手称快，造反立刻就停止了，十多万人投降了皇甫规，皇甫规一时军威大振，势力大增。

随着皇甫规官职的屡屡升迁，熟悉他的人却见他越来越小心从事了。甚至他带兵回乡之时，也绝不带任何私有财物。有人不解其意，问他说：『大人贵为将军，长年征战在外，屡建奇功，积蓄些钱财也是应该的事，难道大人还怕别人说三道四吗？大人连这点事都不敢做，我看大可不必。』

皇甫规一脸肃穆，他一叹说：『贵为高官，为人侧目，现在我人在位上，别人也许不会指指点点，可一旦我权力有失，为人攻讦，这些就都是大罪了，岂可不慎？这就是高位者的难处啊。』

皇甫规为人正直，不喜交结权贵，于是权贵们多方刁难于他。他几次受到诬陷，还被判去服劳役。皇上也偏听偏信，常常下诏斥责他。

皇甫规清白无私，灾难过后，他痛定思痛地说：『官场黑暗，只要我一日掌权，危险就一日无止啊。这才是问题的根源。』

他屡屡请辞，朝廷倚赖于他，总是不准。他一次故意擅离军营，又派人秘密告诉别人让他上报朝廷。『党锢事件』发生后，他又将自己归入党人依附的罪人之列，上书请罪。他的家人深怪他无罪自责，皇甫规却释言说："时势危难，我虽自毁功名，却是保身避祸的良策啊。两者相较，得大于失也，明智的人怎会舍本逐末呢？"

【品读】

人的欲望是无止境的，正因如此，节制欲望、战胜欲望才是大人物所应具有的成功品质。相对平庸者而言，放纵欲望不仅让他们失去了理性，更容易让他们丧失了崇高的人生目标。所以说，对无限膨胀的欲望保持应有的警惕，是求利者必须要面对的一个课题，这不只是社会复杂性和求利风险性所决定的，也是天理人道本身的规律所要求的。如果只从个人的欲望出发，不顾客观环境和现实要求，就会碰得头破血流。所以，要学会揣度形势的发展，适当限制欲望，可以为自己留有余地，保持始终处于不败之地。

一六、廉范的大名

廉范是东汉的名臣，他以重义守节闻名于世，为天下人称道。

廉范十五岁时，他去四川收父亲的尸骨，他的母亲放心不下，可廉范坚持亲往，世人为之感叹。一路上千辛万苦，到了蜀郡，太守张穆是其父亲的故吏，他又十分敬佩廉范的孝心，于是送给廉范很多钱财，廉范却拒绝接受，他说："无功受禄，君子以为可耻，我不敢自称君子，却也知道不能因穷丧志。"

他的宾客劝他收下，且说："太守心诚意笃，一片好心，你尚且年幼，不晓世事艰难，怎可因君子之见就坐失大笔钱财呢？"

廉范反驳说："人有许多理由为自己开脱，其实只是把私利看得太重了。我虽是孩童，却知事事需自己解决，怎可把别人的恩惠视为自己的倚仗呢？如此何能成事？』

他这举动，世人称奇，无不夸奖他心有大志，他日必有大成。

回乡途中，廉范所乘之船触礁石沉没，廉范抱住父亲的棺柩，与之一同沉入水中。人们惊异之下，拼死把他救上岸来，抢救之下，廉范才保全性命。此事传出，人们又为他的孝心所震撼，他的美名渐渐远播。

为父服丧期满，廉范到京师拜师受业。博士薛汉是他的老师，对他悉心教导，廉范学业精进，学名也广为人知。

不久，京兆、陇西二郡都慕名征召他做官，薛汉于是对他说：『你穷困多年，今有此报，可知是何缘由呢？』

廉范久思不答，只说：『弟子学业未成，不敢应召。』

薛汉颔首赞道：『幸有其名，你却不以为意，不求近利，止而成就，这才是大才之行啊。』

永平初年，陇西太守邓融准备了许多礼物，再请廉范为功曹之职。廉范知道邓融已被举报了罪行，于是借病推托，邓融见请不动廉范，便心怀怨恨。廉范为免其报复，因此东去洛阳，隐名换姓在廷尉那里做了一个狱卒。

不久邓融获罪，下狱在廉范所看管的狱中。廉范悉心照料他，到了无微不至的程度，邓融深感奇怪。一次，邓融审视他良久，最后怯生生地说：『你可是廉范吗？除了他，还有谁会对我如此关爱呢？』

廉范不动声色，只道：『你如今身陷困境，眼睛也看不清了。』

知道内情的人深为廉范的义举感动，他们又好奇地问他说：『你以德报怨，到底为了什么呢？』

廉范开口说：『邓融征召于我，我拒绝他虽有十足的理由，却也终是辜负了他的美意。今日他落魄如此，照顾他也是应该的。此情一了，我心无遗憾了。』

有人劝他别自找麻烦，提醒他说：『邓融身为重犯，你善待他只能招人非议，如果追究起来，你能解释清楚吗？此事风险太大。』

廉范不听人劝，仍坚持照顾邓融。邓融在狱中生病，廉范日夜守候，直到邓融死去，最后也没有说出自己的身份。他还亲自赶车，把邓融的灵柩送回他的老家南阳，亲手将其安葬。

这桩义行，渐渐为人所知，廉范愈加引起朝廷的重视和百姓的称颂。朝廷征召他的文书和百姓的荐举越来越多，廉范待之谨慎，此时他禁不住叹道：『善恶有报，谁说苍天无眼呢？我廉范小有仁义，真教我难以承受啊。』

他的老师薛汉因参与楚王谋反被杀，他的朋友、学生、亲人无一人敢去看视，只有廉范收殓了薛汉的尸体，为他安葬。汉明帝听说此事气愤异常，他把廉范招入宫中，痛斥之后要治他的大罪。廉范十分从容，他磕头谢罪说：『臣与薛汉有师生之情，他谋反被杀，已受惩处，而我若不收其尸，当被视之不念旧情之辈，无以立天地之间了。臣非为自己谋私，却有不忍其曝尸街市之仁，若因此获罪，臣不敢自辩。』

汉明帝见他胆识过人，心地良善，一时怒气顿消。廉范没被加罪，他的贤名由此传遍天下，无人不知了。

【品读】

自私自利的人常在困境中苦苦煎熬，他们患得患失，尤其在逆境中，这种情绪就更加强烈，不可遏制。如果人们在私利前止步，多为别人着想，他不仅能为许多人摆脱困境出力，更可在无形中赢得人们的尊重和扶持，从而让自己获得意想不到的收益。这种为人为己的解脱之道需要宽广的胸怀来支撑，只讲索取不讲付出的人，是得不到这良好的回报的。人处困境，更要把眼光放长远，这不仅是智慧的力量，更是道德的力量。

【本章释评】

一个人若想获得成功，揣情和量权是必不可少的两种手段，量权是指了解国家的权势；揣情是指揣测对方的思想，根据对方的需要施展自己的才华，便于对方了解自己，继而得到重用，施展自己的才华，所以说揣情度势，集中体现了人生的智慧精华。

第八章 摩篇第八

【阅读提示】

一、揣摩与揣情是相近似之术，而又有所不同，揣摩是对个人心理和社会心理的分析、运用。

二、揣摩需要注意不同的方法。

三、圣人之所以能够成功运用揣摩，是因为他们对其方法的把握恰到好处。

四、揣摩和揣情同样需要适应事物和心理变化规律，做到『内符』与『外摩』相适应。

五、揣摩的作用就是使对象的心理显现出来，并把事情做得如鱼归之于水般了无痕迹。

摩①者，揣之术也，内符②者，揣之主③也。用之有道，其道必隐④。微摩之以其所欲，测而探之，内符必应，其应也，必有为之⑤。故微而去之，是谓塞窌⑥、匿端⑦、隐貌、逃情，而人不知，故能成其事而无患。摩之在此，符之⑧在彼。从而应之，事无不可。

①摩：揣摩的意思。

②内符：情欲活动在内，符验就表现在外，使得内外相应。

③揣之主：揣是用观察表现于外的符验来判断内心状况，而符验则是揣的基础和条件。

④隐：在隐秘中进行的一切。

⑤有为之：自己所应采取的办法，即有所作为。

⑥窌：地窖。

⑦端：头儿、端绪、开始、前兆。

⑧符之：彼此呼应，互相符合。

古之善摩者，如操钩而临深渊，饵而投之，必得鱼焉。故曰：『主事①日成，而人不知，主兵②日胜，而人不畏也。』圣人谋之于阴③，故曰『神』；成之于阳④，故曰『明』。所谓『主事日成』者，积德也，而民安之，不知其所以利⑤；积善也，而民道⑥之，不知其所以然；而天下比之神明也。『主兵日胜』者，常战于不争不费⑦，而民不知所以服，不知所以畏，而天下比之神明⑧。

①主事：所做的事情，以事为主。

②主兵：所指挥的军队，以兵为主。

③谋之于阴：策划不让人知道，秘密地计划。

④成之于阳：事成之后使人公开了解。

⑤其所以利：为什么那样有利呢？有利的原因所在。

⑥道：当做应走的路。

⑦不争不费：既不使用武力，也不消耗军费，意思是防患于未然。

⑧比之神明：称之为神明，指可与神明相媲美。

其摩者：有以平，有以正，有以喜，有以怒，有以名，有以行，有以廉，有以信，有以利，有以卑①。平者，静也；正者，直也；喜者，悦也；怒者，动也；名者，发②也；行者，成③也；廉者，洁也；信者，明也；利者，求也；卑者，谄也④。故圣人所以独用者，众人皆有之，然无成功者，其用之非也。故谋莫难于周密，说莫难于悉听，事莫难于必成。此三者，唯圣人然后能任之。

①其摩者……有以卑：人的性格千差万别，因此摩的方法也有很多种。平、正、喜、怒等皆是。

②发：扩大名声。

③成：使其成功。

④卑者，谄也：所以会处于卑下的地位，是为了迎合对方的意思。

故谋必欲周密，必择其所与通者说也。故曰：『或结而无隙①也。』夫事成必合于数，故曰：『道、数②与时相偶者③也。』说者听必合于情，故曰：『情合者听。』故物归类：抱薪趋火，燥者先燃；平地注水，湿者先濡。此物类相应，于势譬犹是也，此言内符之应外摩也如是。故曰：『摩之以其类，焉有不相应者？』乃摩之以其欲，焉有不听者？故曰：『独行之道④』。夫几者⑤不晚⑥，成而不保⑦，久而化成⑧』。

①无隙：没有间隙，紧密的意思。

②道、数：道法与权术。

③与时相偶：道理、权术、天时三者合一才能成就事业；偶：伴同、顺沿、并列之意。

④独行之道：独自使用的方术，即只有圣人才能实行揣摩之术。

⑤几者：通晓机微的人。

⑥不晚：不会错过匆失良机。

⑦成而不保：把事做成，但不居功。

⑧久而化成：久而久之，一定能够成功。

【译文】

所谓『摩』，是一种与『揣情』相类似的方法，其中内心活动是『揣』的主要对象。进行『揣情』时，确有『揣』的规律可以依靠，但这些规律却是隐而不现的。适当地去『摩』时，要根据对方的欲望投其所好地进行测探，其内情就会通过外部形象反映出来。内在的感情要表现出来，必然要有所作为，这就是『摩』的作用。

在经过初步『揣摩』之后，要适当地离开对方，像把地窖盖上一样隐藏起来，消除痕迹，伪装外表，回避实情，使人无法知道是谁办成的这件事。这样，既办成了事情，又不会留下祸患。在此处『揣摩』对方，而要在另一处，观察对方的表现，顺应事物的规律，使我方『揣摩』能在对方那里得到应验，则办事无所不成。

古代善于『摩』的人，就像拿着钓钩到水潭边上去钓鱼一样。只要把带着饵食的钩投入水中，就一定可以钓上鱼来。所以说，他所主办的事情一天天成功，却没有被人察觉；他所指挥的军队日益压倒敌军，却没人感到恐惧（才是高明的）。圣人谋划什么行动总是在暗中秘密进行的，所以被称为『神』，而办事成功都显现在光天化日之下，所以被称为『明』。所谓『主事日成』的人是在暗中积累德行，使老百姓安居乐业，却不知道为什么会享受到这些好处，他们还在暗中积累善行，老百姓虽然生活在善政中，却不知道为什么会有这样的局面。人们把『谋之于阴，成之于阳』的政治策略称为『神明』。那些指挥军队而日益压倒敌人的统帅，坚持不懈地与敌军对抗，却不去争城夺地，消耗人力物力，老百姓也不知道为何敌国竟然能够拜服，也不知道什么是恐惧。为此，普天下都称『谋之于阴，成之于阳』的军事策略为『神明』。

在实施『摩』的谋略时，有用和平进攻的，有用正义征服的，有用娱乐麻痹的，有用愤怒激励的，有用名望威吓的，有用行为逼迫的，有用廉洁感化的，有用信誉说服的，有用利害诱惑的，有用谦卑争取的，种种方法皆可利用。和平就是宁静，正义就是刚直，娱乐就是喜悦，愤怒就是威吓，名望就是声誉，行为就是实施，廉洁就是干净，信誉就是清明，利益就是求取，谦卑就是谄媚。所以，圣人所施用的『摩』的策略，平常人也都可以具有，然而没有能够运用成功的，那是因为他们运用得不够妥当。因此，谋划策略，最困难的就是周到缜密；进行游说，最困难的就是让对方全部听从自己的主张；办起事来，最困难的就是必办成功。这三个方面只有成为圣人才能胜任。

所以说，谋划必须周到缜密；游说要选择与自己观点相通的对象。『办事情要稳健自然，做到无懈可击』。要想使所主持之事取得成功，必须有适当的方法。而『客观规律是与天时互相依附的』。进行游说的人必须使自己的说辞合于情理，合情合理才有人听从。世界上万事万物都有各自的规律。好比抱着柴草向烈火走去，干燥的柴草就首先着火燃烧；往平地上倒水，湿的地方就会先存上水。这些都是与事物的性质相适应的。以此类推，其他事物也是这样的。这就是『内符』与『外摩』相适应的道理。因此，按着事物的不同特性来实施『摩』之术，哪有不发生反应变化的呢？根据被游说者的欲望而施行『摩』之术，哪有不听从游说劝导的呢？只有圣人最能实行揣摩之术。大凡通晓神秘机微的人都会把握好时机，有了成绩也不居功，天长日久一定会取得成功。

一、魏绛的上上之策

春秋时期，晋国的晋悼公和楚国争霸，双方都极力扩军备战。为了占取先机，晋悼公加强内政，整肃朝纲，国力日渐强盛。一直与晋国为敌的北方戎人自知不敌，不安之下，戎部落酋长嘉父派孟乐来到晋国，向晋悼公献上虎豹皮等物，请求讲和。

如此大事，晋悼公召集群臣商议。晋悼公首先说：『戎狄乃野人蛮部，向来不守信义，只惧刀兵，我担心他们没有诚意，是以对其讲和之事并不深信。』

有的大臣见晋悼公这个态度，便应声附和说：『戎狄与我为敌，已非一日，如今他们见我国兴盛，方有此举，分明是见风转舵之伎俩，怎肯轻信呢？我王志在争霸天下，正可借伐戎以壮国威，大王还是伐戎为上。』

一时，群臣主战颇多，晋悼公见将军魏绛在旁冷笑，似有不屑，于是他指名道姓地对魏绛说：『魏绛，是战是和，你的主意呢？』

将军魏绛却不言此，他反问道：『大王意在争霸天下呢，还是只为了出一口恶气？』

晋悼公不知其意，粗声说：『孤王志在天下久矣，你明知故问，却是为何？』

魏绛点头说：『大王若是志在天下，那么和戎狄讲和乃上上之策，大王为何犹豫呢？』

晋悼公来了兴趣，让他接着讲来，魏绛于是分析说：『天下大势未定，归服我国的诸侯尚在观望。陈国新近依附我国，其心不定，看的就是我国的举动。可以说，若我国德政有失，他们自会叛我而去；若我国恩威服众，自会有他国来朝。此等时刻，生死攸关，大王焉能轻动？倘若征伐戎狄，出师无名不说，楚国便可乘机攻打陈国，我国无暇救援，这无异于抛弃陈国，中原各国也会不信我国，相继背叛。何况戎狄向来难以驾驭，纵是获胜，也必两败俱伤，深陷泥潭，得不偿失啊。』

晋悼公听罢无语，他自知魏绛所说不错，却仍不甘心放过戎狄，他勉强说：『这太便宜戎狄了，总有比与之讲和更好的办法吧？』

魏绛摇头道：『此种形势，牵一发而动全身，讲和实乃上上之策。』

为了说服晋悼公，魏绛讲了议和的五大好处，他逐一指出说：『戎狄迁徙不定，逐水草而居，这决定了他们重财轻土，我们正可利用此节，把他们的土地买下，以增国土，此乃其一。这样开拓疆土，边境不用警备防守，百姓亦可安心耕种，于国大利，此乃其二。如此戎狄归附，天下必感我晋之声威附远，再无异念，此乃其三。与戎讲和，不费刀兵，将士免有征伐之苦，国家也无粮草之耗，此乃其四。推行德政，以仁服众，可令人心感恩，消释前仇，化解恩怨，日后永不为患，此乃其五。和戎好处有如此之多，利在千秋，而征伐之计不过匹夫斗狠而已，何去何从，请大王权衡。』

晋悼公茅塞顿开，笑容再现，他对魏绛赞赏说：『人言谋远者不计小利，将军可谓此中大贤了。孤放不下小的仇怨，险些做下愚蠢之事，将军的功劳真是太大了。』

他厚赏了魏绛，又让他亲自出使戎狄部落，与之结盟修好。此举果然让天下诸侯敬服晋国，晋国也因此免除了后顾之忧，在与楚争霸中占了上风。

【品读】

鬼谷子认为，圣人谋划行动被称为『神』，而事情成功显示出来被称为『神』，他们在暗中积累德行，使百姓遭战争之苦。如果抱定这一宗旨，不逞勇斗狠，不恃智用武，许多无谓的厮杀和损失都可以避免，这对双方都是有益的事。更重要的是，无论谁暂时获胜，仇怨只能加深加剧，为日后埋下无穷的隐患，从这个角度看，最好的谋略并不是谋胜，而是谋和。

二、问计于管仲的齐桓公

齐桓公以管仲为相，对他言听计从。他放手让管仲治理国政，不长时间，就使齐国由一个分封在海滨的百里小国，一跃成为春秋时期天下敬重的大国。

有了大国的地位，齐桓公并不满足于此，他志在称霸天下，却不知从何处入手。一次，齐桓公对管仲说：『人生在世，当多建伟业，方不失大王气度。我想称雄天下，可以吗？』

管仲不加思索道：『不可以。』

齐桓公不快，怏怏道：『我国兵精粮足，万众一心，孤胸怀大志，不敢稍怠，凭此若还不能如愿，那么天下当无人称雄了，怎么会这样呢？』

管仲不慌不忙地说：『大王只为一国诸侯，治理齐国尚可，若是号令天下就无名无分了。大王恃强而迫天下诸侯驯服，自会招致他们怨恨反抗，不但大王不能如愿，只怕齐国也会因此削弱实力，所以臣言不可。』

齐桓公见他话中有话，目光一亮，他让管仲献计，管仲便接着说：『大王只要略作变通，在巧取名义上下功夫，此事便不难了。臣遍视天下，强于齐国的诸侯，南有荆楚，西有秦晋，他们之所以自逞其雄，无以称霸，其原因却是它们妄自尊大，不肯放下自尊，敬奉周王，以取得正当的名义。现在周王室虽已衰微，但它天下之主的名义还是无可替代的，名义强夺不来，只能加以利用。如果大王屈尊敬奉周王，派遣使者朝见于他，以周王的名义大会诸侯，相信无人敢对大王不敬。这样一来，大王名正言顺为周王办事，扶持弱小之国，以收民望，统率诸侯讨伐强横之国，以树威望。恩威并施，天下诸侯必将一一归附。』

齐桓公听罢，赞叹不绝，他对管仲直言说：『卿之计谋，让天下诸侯无话可说，无所攻讦，这才是称霸天下的关键啊！孤大患既去，纵万般委屈又何足道哉？』

齐桓公当即去朝觐周王，表现得毕恭毕敬，极尽低调。周王高兴异常，对齐大国之君能如此的趋奉他报以桃李，于是授命他主持会盟大事。有了周王的支持，齐桓公大张旗鼓地布告诸国，约定当年三月会于北杏。

消息传出，天下诸侯虽对齐桓公的用意心知肚明，却无法加以谴责。宋国国君本想不去赴会，他的大臣有的便上奏说：『齐国以周王名义大会诸侯，按理我们是无法拒绝的，否则，宋国就有了不遵王命之名，齐国便有了讨伐我们的理由。齐国势力强大，不可得罪，大王会盟之时若虚与委蛇，便可交下齐国，以为强援，何乐而不为呢？』

宋国国君于是改变主意，答应赴会了。

齐桓公为显国威，赴会时想要多带兵马，管仲为此又劝谏说：『大王今乃奉王命办事，自不同于往日。大王为尊周王，当自贬身份，和天下诸侯平等相交，以示尊重。若拥兵自重，炫耀实力，大王的谋划便不攻自破了，一番苦心岂不付之东流？』

齐桓公暗自心惊，于是轻车简从，和天下诸侯相会。各诸侯见齐桓公不傲多礼，谦恭待人，先前的疑虑立时消减了许多，他们私下相互议论说：『齐君乃无私办事，本无他想，看来我等是多虑了。』

他们各自暗将本国兵车退驻于二十里之外，放心地与齐桓公相见，不仅订立了盟约，还公推齐桓公做了盟主。齐桓公不费一兵一卒，一下便跻身盟主之位，管仲的计谋足见高明。

【品读】

名义不当而招来的怨恨是许多人失败的诱因。名义尽管是虚幻的，有时却是最能掩人耳目的，它可以堵住众人之口，让自己的行为合理合法。历史上『尊王攘夷』『挟天子以令诸侯』，都是这种『正名』而减少阻力的成功招法，它所起的作用是不可替代的。

当然，适当的名义取得，要以委屈自己、牺牲一点个人利益为前提，这既是正名的需要，也是化解众怨的应有代价。有识之士权衡利弊，乐此不疲，而无识之辈不谙大体，只能归于他们的短视。

三、苏秦的激将法

苏秦在赵国为相时，进言赵王联络诸侯合纵抗秦。他说了许多合纵的好处，赵王却担心地说：『我们倡导合纵，秦国必会大怒。秦国若是率大军来攻，诸侯又不来救助，赵国岂不自招大祸？此事勿要着急，容日后再议。』

苏秦自念赵王所说有理，于是他勉强说：『合纵之势，乃抗秦妙法，不应有疑。大王所虑，也该设法稳住秦国，不让它早早来攻，以坏我之大计。我定当竭力找寻能控制秦国之人，以去大王之忧。』

苏秦回转府第，闷闷不乐。其心腹手下小心动问，苏秦长叹说：『能控制秦国之人，当有绝世之才，我想来想去，实在难觅啊。』

他草草说了事情的原委，不想那心腹手下眼中一亮，提醒苏秦说：『大人平日常说起你的好友张仪，夸他才高聪慧，让他去秦国如何？』

苏秦跺足一叹说：『此任非他莫属，都怪我一时糊涂，竟把他给忘了啊。』

他的心腹手下劝苏秦亲自求请张仪，以示郑重，不想苏秦思忖多时，连声说：『不可以这样啊。』

心腹手下不解道：『此事非比寻常，张仪又是当世奇才，大人何不放下身份以求大成呢？你们本是好友，别人是不会妄加非议的。』

苏秦却道：『富贵荣誉若骤然加身，轻易获得，人还会有进取之心吗？我现在让张仪有头有脸不难，却怕他因此裹足不前，再不肯赴秦了。这样，岂不弄巧成拙？』

他于是吩咐心腹手下前去面见张仪，却不许说出这是他的意思。心腹手下心存狐疑，也只好照办了。他找到张仪，自称同情他怀才不遇，暗示他说：『听人说你和苏秦原为密友，苏秦现在贵为赵国之相，权力极大，你何不拜访于他，以求提携呢？』

张仪听闻此讯，激动不已，他欢喜说：『我们交情深厚，想不到他竟飞黄腾达至此！我去寻他，他必会厚待于我。』

张仪兴冲冲地来到赵国，递上名帖求见苏秦。苏秦暗嘱门人不要给张仪通报，又不放他走，张仪心有凉意，苦苦等待。

几天以后，苏秦才出面召见张仪，态度十分冷淡。张仪心中有气，强自忍耐。一会儿饭食上来，张仪一见那是仆人之食，不禁怒火攻心，后悔不迭。他有心痛骂苏秦无义，却不想苏秦当先责备他说：『你的才干不在我之下，谁知竟混到今天这个田地，你太让我失望了。你我现在身份悬殊，高下有别，收留你只会让天下人笑话于我，让我自贬身价。我说句话让你富贵不难，可我是不会说的，你就死了这份心吧。』

张仪按捺不住，痛斥苏秦乃势利小人，苏秦也不和他分辩，命人把他赶出门去。

受此羞辱，张仪恼怒异常，眼中冒火。他雄心立长，发誓报仇，于是前去秦国游说。不巧途中张仪又遇苏秦的心腹手下，他们便结伴同行。到了秦国，苏秦的心腹手下和张仪同吃同住，说要全力帮他谋取富贵，张仪十分感激。在此期间，张仪所需全由那人供给，花费再大那人也毫不吝啬。张仪多次问他情由，那人只推托说：『你只要谋取了权位，我也就有利可图了。现在我帮你，将来我也就有了依靠，你不要再多问了。』

最后，秦惠王任命张仪为客卿，对他十分信任。此刻，苏秦的心腹手下却向张仪辞行。他向张仪说明了真相，说道：『苏先生担心秦国伐赵破坏合纵大计，他认为非你不能控制秦国，所以才故意激怒你，令你增加进取之心。他暗中派我资助你钱财，这一切都是苏先生的安排。如今你已取得权位，请助苏先生一臂之力吧。』

张仪感激不已，心潮大动。他答应了苏秦的请求，自叹学识才能都不及他了。

【品读】

名誉作为一种奖赏，向来是为上者统御下属的一种重要手段，也是激励世人为国建功的一个有效举措。

几千年来，为利而亡者比比皆是，而为名为誉献身者也前后相继，可见它的作用不菲。名誉之所以让人舍生忘死，关键之处全因为它贵重，不易得到。如果当权者忽视和轻视此节，任人唯私，轻易赏人权位荣誉，毫不慎重，不仅受誉之人不知感恩，而且世人也会由此不以名誉为重，更无人为之效力了。

四、蔡泽的傲慢

战国时期，燕国人蔡泽极富才华，他到处游说求官，诸侯国去过不少，都没有受到重用，他却从不灰心。

有人劝蔡泽不要东奔西跑，他的家人也劝他安守清贫，莫招人耻笑，自取其辱，蔡泽拒不听劝，他反而说：『这是上天在考验我啊，我若半途而废，岂不辜负了上天的美意？富贵我一定能够取到，只是我不甘心小富小贵罢了。』

人们笑他鬼迷心窍，又有人竟以为他是发疯，蔡泽俱不以为意。

他坚持出游，在赵国时，他被赶出去。再至韩国、魏国，路上就遇见盗贼，把他所带的锅碗食具也抢走了。有人劝他回转，蔡泽不急不恼，仍说：『大利焉能轻取？和他日富贵荣华相比，我今日的这点苦难又算得了什么呢？』

后来，他听说秦相范雎因推荐郑安平、王稽做官而背上了罪名，心中惶恐，于是他心生一计，直奔秦国而来。

到了秦国，蔡泽故意让人放出风声说：燕人蔡泽，才华无人能及，他此次前来，乃是为夺范雎的权位，且有必胜的把握。他一定会让范雎蒙受羞辱。

范雎听闻此事，十分恼怒，他派人把蔡泽找来，当面质问他说：『听说你要夺我的相位，令我难堪，可有此事？』

蔡泽傲然上视，冷笑道：『正是。』

范雎怒火攻心，面上却故作平静，他阴声说：『我自信百家学说无所不通，却不知你有何本事，口出狂言？』

蔡泽长叹一声，道：『你自信二字，已然破绽百出，可惜你全然不知，让人痛惜了。』

范雎摸不着头脑，却隐觉蔡泽远非常人，他态度有缓，勉强说：『愿闻高见。』

蔡泽这才侃侃而谈道：『人人都愿谋取高利，不受灾害，这是人的本性啊，大人也应该是这样的。大人对秦有功，披肝沥胆，身居相位，人人钦敬，大人以此为荣，却视我夺你相位为耻，不知我之所为，乃是解大人于危难之中，不害反利。大人这样的见识都没有，当真是愚钝不智啊。』范雎愈加糊涂，遂问道：『你如此狂傲，竟言解我危难，当真是骗人之词。你有何根据吗？』

蔡泽不慌不忙，再道：『你高居相位，已达人臣之极，所谓物极必反，日到中天就要下移，此乃自然之律。商鞅、吴起、文种皆功高过你，其下场却无一善终。时下你的俸禄地位和富有家私又超过此三人，且不以为戒，仍不退步，你的将来就可想而知了。圣人说：「不是由正路得来的富贵，对于我像浮云一样无足轻重。」如今你的冤仇已报，恩也报完，意愿一一实现，为何还贪恋权位呢？翠鸟、天鹅、犀牛、大象，它们的生活环境并不是不安全，它们之所以死掉，是因为贪图诱饵的缘故。苏秦、智伯聪明多智，不是不能避免耻辱和死亡，是因为贪求利益而不知止步的结果。』

范雎久坐无声，汗如雨下。他最后对蔡泽说：『多谢先生教我。』

范雎于是向秦昭王极力推荐蔡泽为相，秦昭王不准，他不惜以病重推脱，后终如愿卸任，得保平安。蔡泽为相数日，就屡遭谗言，他为自保，便借此称病归还相印，没有丝毫的犹豫和怅然之色。

【品读】

化害为利，敢为人先，这不是单凭勇气和幸运便能做到的。那种单纯强调稳妥，而不抓住机遇的人，绝不是真正意义上的智慧之士。事情都是辩证的，成功都不会是无缘无故的，如果人们换个思路，换个角度来看待问题，即使身陷困境，也会看到希望，找到出路。在利益的求取上也是如此，可以说，在大智慧者眼中，他们的顺境暗含危机，自不会得意忘形；他们的逆境蕴藏生机，也不会悲观绝望。

五、让出尊位的陈平

汉高祖刘邦死后，吕后掌权，重用诸吕。吕后一死，陈平和太尉周勃联手，诛尽诸吕，立刘恒即位，即为孝文帝。

有此大功，陈平的威望更增，群臣对他的赞颂不绝于口，孝文帝对他也极为恭敬，赏赐不断。

一次，陈平和周勃闲聊，周勃不止一次对陈平说：『丞相深谋远虑，我们才有今日的荣耀。如今天下太平无事，我们可安享富贵，再不愁有忧患之事了。』

陈平见周勃得意扬扬，将自己的功劳挂在嘴边，毫不知戒，于是提醒他说：『你我身处高位，有功有名，这才是忧患所在，岂能因天下无事而无虑？皇上尚轻，群臣尚在喜庆之中，可这一切日后终有改变，我们不可失去自警之心。』

周勃说他无事自扰，直言道：『先前凶险，你我尚能平安度过，眼下应该再无难事。与其日日忧心，何如快乐享受胜果呢？没有人会因此责怪我们了吧？』

陈平笑了笑，不再深言。

周勃走后，陈平眉头紧锁，心事重重。他的家人见之生怪，询问他说：『如今普天同庆，大人为何不快？』

陈平嘘口长气，叹说：『人生在世，我志得意满，也是该退的时候了。』

家人想不到会有这样的结果，紧张地问：『难道发生了什么事吗？』

陈平见家人惊慌失措，忙安慰说：『现在无事，谁保将来也无事呢？俗话说人无远虑，必有近忧，我真的不该再有所犹豫了。』

几日过后，陈平向朝廷提出把自己担任的右丞相之职让给周勃，他就此还解释说：『平乱之功，臣不如太尉周勃，相位自该非周勃莫属，臣不敢窃居此位。时下臣又多病，精力不佳，自知胜任不了治国大事。如此思之，不胜惶恐，万望陛下准臣所请。』

孝文帝当面劝陈平收回辞呈，他不解地问陈平说：『名誉地位，这是天下人朝思暮想的东西，谁会甘心放弃它？你无缘无故地请辞，若说不出个正当理由，我是绝不会答应你的。』

陈平稍一迟疑，遂道：『臣已言明，句句为真，陛下不该再怀疑我了。朝廷有功必赏，能者理当多肩重任，陛下重用周勃，正是向天下昭告陛下的英明，此事不可拖延。』

孝文帝见他态度坚决，只好让周勃当了右丞相，排名第一；他不准陈平告退，只降他为左丞相，排位第二。陈平求退不得，却少问政事起来，每日喝酒游玩不止。

周勃为相之后，办事十分尽力。他虽如此，可还是不断有人出言诋毁他。周勃愤愤不平，和陈平叙说此事，陈平只安慰他说：『为皇上尽忠，难免要得罪人了，这是难以两全的事，何必在乎它呢？』一次孝文帝问周勃全国钱粮收支多少，周勃回答不出，孝文帝脸色不悦。问及陈平，陈平以丞相之责在于辅佐皇帝、协调阴阳为能作答，令孝文帝无法责怪他不知钱粮收支实情。周勃这时方知自己的才能远不及陈平，他辞去相位，自嘲地说：『我无智无谋，却以居尊位为荣，这是自讨没趣啊。』

陈平从此一人独为丞相，行事仍十分低调，不事张扬，他曾对别人说：『我一生中用过许多阴谋，这是道家所忌讳的。我既不能全身而退，只能戒除贪心、少求名誉。也许只有这样，我才能消减祸患，保全自己了。』

【品读】

俗话说，功高震主、树大招风。名誉给人造成的伤害往往是出人预料的。知道这一点，在名誉面前就该有所停止，有所顾忌，而不要求之太过了。上司的心理和众人的欲望往往左右着一个人的进退举止，不照顾这些层面而一意孤行，其副作用不仅可以毁了一个人的努力，更能毁灭一个人的一生。上司主宰着下属的命运，众人牵扯着一个人的生存环境，如果能从这个大背景下考虑名誉的取舍，自己才能真正从中获利。

六、遭受冷遇的申屠嘉

汉文帝时，申屠嘉位居丞相，被封故安侯。申屠嘉为人廉直，从不接受他人钱财和请托，是一位难得的忠臣。

申屠嘉自律甚严，对别人也是有错必究，不假辞色，于是有人就建议他说：『大人位极人臣，众人注目，凡事要分个轻重缓急，不该一味严厉呀。你爱憎分明、疾恶如仇，如果是个小吏尚且能行，可作为丞相就不能这样了。丞相统揽全局，选贤择能，讲究含而不露，不愠不火，你当含蓄一些，情感不要太外露了。』

申屠嘉为汉高祖刘邦时的老臣，他性格直爽，很少掩饰自己，这会儿他便不耐烦地说：『忠臣敢言敢谏，岂能有话不说？身为丞相，若是一团和气，碍于情面，岂能治理国家？弄虚作假的那一套我不屑为之。』

邓通是汉文帝的幸臣，举止傲慢无礼，申屠嘉十分恨他。他不避忌讳，常在人前指出邓通的错误，人们都为他担心，还劝他说：『邓通是皇上的红人，他纵有缺点，你也不该在人前说他的坏话。你的态度若让皇上知晓，皇上会高兴吗？邓通更会恨你，他必想方设法地报复于你，如此你就麻烦大了，何不忍一忍呢？』

申屠嘉没有听劝，他反而直接对汉文帝进言说：『陛下宠信邓通，让他富贵可矣，为何放纵他败坏朝廷礼仪呢？』

汉文帝让他私下教训一下邓通，邓通听说后十分害怕，他对汉文帝说：『申屠嘉对我成见太深，说不定他会公报私仇，置我于死地，万请陛下救我。』

汉文帝迫于无奈，派人向申屠嘉替邓通说情。申屠嘉不加理会，仍传命召见邓通，且声言说：『邓通如不前来，当要处斩。』

邓通只好硬着头皮前往丞相府，央求说：『小人有错，丞相何必抓住不放呢？丞相不给我邓通脸面也就罢了，为何让皇上也下不来台呢？丞相这样做欠考虑啊。』

申屠嘉反唇相讥说：『若为皇上着想，你就不该恃宠胡为了，现在你还敢狡辩，可见你毫无悔意。你身为一介小臣，常在殿上轻慢无礼，实是犯了大不敬之罪，依法当处极刑。』

邓通见他发威，判已重罪，立时慌忙磕头，求饶不止。他吓得魂飞魄散，头都磕破了，满脸都是鲜血。此时汉文帝派人持节召邓通进宫，总算救了邓通一命。

经此一事，邓通遂多次在文帝面前说申屠嘉的坏话，文帝虽没有撤换他，心里却起了猜忌，不似从前信任他了。

文帝态度的转变，申屠嘉并不放在心上。他对别人的劝告也一概不听，他的家人就此哭着说：『皇上没责罚你，并不能说明你没有错失。你若坚不悔改，后果就不可想象了。你为我们着想点，好不好呢？』

文帝去世后，景帝即位。景帝对申屠嘉颇有不满，于是重用晁错为内史。申屠嘉心有怨气，不时发作，景帝和晁错都愈加讨厌他。

一次，晁错命人将内史府改为向南开门，打穿了太上皇庙的垣墙。申屠嘉听说此事，急急上书请杀晁错。有人劝他慎重，口道：『晁错乃皇上新宠，你这样不加掩饰地弹劾他，只会激化你们之间的仇恨，对你又有什么益处呢？你若故作不知，晁错必会感激于你，你也去了一个劲敌，这样不是更好吗？』

申屠嘉坚持不肯罢休，却不想已有人报知晁错，他连夜入宫向景帝请罪，求皇上搭救。次日上朝，申屠嘉请诛晁错，景帝却为他开脱说：『晁错所通之墙，并不是太上皇庙的垣墙，况且此事是朕命他所为，晁错没有过错。』

申屠嘉又羞又恼，回到相府，竟是呕血而死了。

【品读】

把情感隐藏起来，是智者的做法；喜怒不形于色，绝不是故作神秘，而是实际生活中所必需的。这样做既可加强自己的修养，能冷静地为人处世，又可让别人找不到自己的破绽，无从下手利用。控制情感是理性的要求，在这方面没有切身的认识和高度的自觉是无法做到的。如果有人自恃权势和地位而随意宣泄情感，口不择言，这终是他失败的一个诱因，其负面影响不可低估。

七、人人敬仰的陈实

陈实是东汉时的名士，他年轻时在阳城山隐居，颍川郡许县发生一起命案，一位姓杨的小官吏竟然怀疑是陈实所为，捕他入狱，严刑拷打。后来陈实做了颍川郡督邮，他竟暗中请托许县县令，提拔那个当年曾经把他抓入监狱的那位姓杨的小官。

陈实以德报怨的做法令人叹服，可他的家人却十分不愿，责怪他说：『你当年蒙冤受屈，不报复他已很难得了，凭什么还要暗助他呢？你是个聪明人，这事做得也太糊涂了。』陈实开导他们说：『我毕生追求君子风范，若是和他一般见识，岂不和俗人无异？再说，他也是一时之失，我为什么不能原谅他呢？』

许县县令敬佩陈实的为人，便将此事对那个姓杨的官吏说了，杨姓官吏羞愧难当，亲自上门向他赔罪说：『我听说古时的圣人不言不辩，却能让天下人归心仰视，大人就是这样的圣人啊。我自视聪明机智，和大人相比，我方知自己是多么的愚不可及啊。』

陈实先时贫穷潦倒，征召做官之后，有人见他依然困穷，便嘲笑他说：『你见识广博，却不知富家之计，可见你是浪得虚名了。大丈夫以贫穷为耻，难道你就甘受贫穷，无计可施吗？』

陈实对此只是一笑置之，从不反驳。陈实的友人见之生怪，陈实却说：『若为钱财而辱没了我的名声、德行，这才是最大的不智啊。因财而死、因贪而亡的人比比皆是，他们当初不是都自以为得计吗？这绝不是智者所干的事啊。』

中常侍侯览其时势大，他私嘱颍川郡太守高伦任用他的亲信为吏。高伦安排那人做了文学掾，陈实就此对高伦说：『侯览势大，太守不敢得罪他，可此人实不堪任用，太守另行荐举他吧。』

高伦让那人做了其他官职，至高伦离任之时，高伦才对众人说：『陈君让我另行安置侯常侍的私人，人们都责怪陈君举人不当，对他心存蔑视，可这都是因我畏惧权贵所造成的。陈君揽下如此过失，从不说明。有几个人能做到这一点呢？这才是古之君子风范呀。』

人们知晓真相，对陈实便多了十分钦敬。有人埋怨他不早作辩言，陈实说：『我诚实对人，自不屑用什么巧言机智，事情总有明了的一天，我又何必多此一举？』

陈实在太邱县县令任上，清静无为，少有创见，他为此解释说：『身为父母官，重在引导人们弃恶从善，旨在让人们安居乐业，我若为一己之私，徒逞聪明，百姓就该受苦了。』

官吏苦于百姓打官司告状，于是有人建议陈实明令禁止，不许百姓上告。陈实听了这个建议，厉声痛斥说：『如果没有冤屈，百姓比我们这些当官吏的人更怕打官司告状，如果我们自作聪明加以禁止，当是为官者最大的失职了，此言荒谬绝伦，再言必加以重惩。』

陈实在任期间，竟没有一个打官司告状的。不了解实情的人向他讨取此中玄机，陈实只一笑说：『没有玄机，这就是最大的玄机啊。』

沛国相征收赋税违反法令，陈实劝阻无果，就解下官印而去，有人劝他慎重，陈实苦笑一声说：『我不居此官，自少了此中烦恼，若是媚上亏心，纵是再多思虑又有何用？』

朝廷逮捕党人，陈实也在其中，别人唯恐逃避不及，陈实主动投案，被囚在狱中。有人怪他以身涉险，陈实回答说：『智计有时是全然无用的东西，为何人们总是一味依附它呢？时逢乱世，君子罕有，我如果不进监狱，众人就没有了依靠，我是不想让人失望啊。』

陈实的为人举止，时人多有不解之处。灵帝初年，中常侍张让的父亲死了，回老家颍川安葬时，当地的知名士人只有陈实前去吊唁。人们怪他不避嫌疑，有失士人风范，陈实反驳说：『我没有你们想得那样多，张让之父乃是故人，死人事大，略表哀思也算人情，何须搞得太复杂呢？』

张让为此对陈实心存感激，后来朝廷又要诛杀党人，张让便对他多有保护，使他免受其难。

陈实八十四岁去世，朝廷派使者吊丧，赴丧的有三万人之多。大将军何进感叹说：『陈实以不谋为谋，感召天下人心，他才是真正的智者啊！』

【品读】

古时的圣人向以品德高尚为后人所重。和他们的智谋相比，重视修身养德可谓圣人之所以为圣人的显著标志。在他们看来，最大的危险来自于对对手智慧的低估。

一个人如果有才无德，他就会失去人生的方向，干下种种恶事，这对人对己，都是有害无益的。从这个意义上说，对智谋的追求就不能无休无止，更不能失去对品德的培养。只强调智谋的人势必会失去仁爱之心，于德有亏，做事就会不留余地了。

八、桓荣的谦逊

东汉光武帝刘秀在位时，桓荣被任命为议郎，教授太子读书。桓荣博学敦厚，刘秀对他十分满意。

桓荣此时年已六十，从前他在九江自办学校，招收的弟子有几百人。他的弟子何汤被提拔为虎贲中郎将，正是由于何汤的推荐，刘秀才征召桓荣的。何汤在老师入朝第一天便提醒他说：『治学和为官是截然不同的。治学讲究严谨、认真，而为官却在乎通融、应变，老师有此机遇，当不可太固执了。』

桓荣一声未吭，何汤又说：『皇上虽为明君，却也喜欢奉承之言，太子更不可得罪，老师不要对他过于严厉。』

桓荣听他说完，冷冷地说：『你是我的弟子，难道还不了解为师吗？为师一生治学严谨，最爱君子之道，本无意为官。今见天下大治，天子圣明，这才应召的。你为官不久，竟学会了官场的权术谄媚之道，还以此教我，我真为你感到痛惜啊。』

桓荣于是辞官，刘秀却不批准，和桓荣交谈数次之后，刘秀连连称赞他说：『你说得太好了，得到你，是国家的大幸，只是太晚了些。』

他当即任命桓荣为博士，不料桓荣却坚决推辞，说：『臣无德无能，陛下一时心喜，就任我官职，未免失之草率。若论学问，臣不及同学郎中彭闳、扬州从事皋弘，陛下还是重用他们比较合适。』

刘秀见他辞意坚定，幽然一叹道：『读书之人，许多虽口不言利，言不好名，其实又有几人能真正做得到呢？你真是个难得的君子，自我谦逊不说，还能荐举贤人，不慕权位。」

刘秀更生敬重之心，坚持让他担任博士之职，还提拔彭闳、皋弘做了议郎。

彭、皋二人向桓荣致谢，桓荣却不让他们进自己的家门，他派人传话说：『天子圣明，才会重用你们，与我何干呢？要谢，你们当谢皇上，勤于政事、为国尽忠，这才是你们该做的。』

一次，刘秀到太学视察，正赶上各位博士在争论不休。刘秀暗中观察，但见不少人争得面红耳赤，嘴里滔滔不绝，唯有桓荣言辞温和，也少有不敬之色。刘秀又生感叹，他对随从自己的官员说：『有理有敬，这才是儒士本色，看来只有桓荣可以做到啊。』

刘秀于是特别赏赐了桓荣。

一日，刘秀在朝会上赏赐众臣珍奇的果子，众臣受宠若惊，忙将果子放入怀中，生怕被人夺走。桓荣却与众不同，他手捧果子进献刘秀，还拜谢说：『陛下仁爱，如此奇果尚能与众臣分享，为臣者敢不为陛下尽力？臣自度无功无德，此果臣不敢受。』

刘秀开怀一笑，命他收下。他指着桓荣对众臣说：『这才是真正的儒家风范，不是虚怀若谷、感恩图报的名士，能做到这一点吗？』

刘秀几次要提升他的官职，桓荣都辞谢了，他对刘秀说：『陛下垂爱于臣，是臣的万分荣幸。臣于国并无大功，若贪誉而享高位，必然会给陛下招来非议，说陛下任人不公。这样陛下有嫌，而臣亦难堪了。』

刘秀感念其诚，对他信任又增。

太子经学有成，学业精进，桓荣喜在心头，却要求辞去太子师傅的职位。他几次上书给刘秀说：『臣蒙陛下厚爱，有幸教导太子，今日太子凭其聪慧，经义皆通，臣理当辞归。』

有人劝他不该请辞，且说：『为太子之师，此乃荣耀之本，他日太子登基，其荣更不可估量。别人求之不得，你为何轻弃？』

桓荣回答道：『似你多思，我又何以能任太子之师呢？正因此职荣宠，我才不敢恋据。』

太子后来即位，为汉明帝。汉明帝深敬桓荣，始终以老师之礼厚待他。桓荣去世时，汉明帝竟亲自穿起丧服，为他送葬。

【品读】

获得荣誉、赢得名声是一次机遇，也是一次考验。如果心安理得地接受，全没有一些辞让之心，这样的人不仅让上司猜疑，也会让别人多有非议。在上司的眼里，纵使下属功劳再大，也不该忘却上司的存在，不忘对之心生敬畏，反之则是野心家之类，应当防范了。在其他人看来，如果一个人有功自骄、目中无人，他就无法让人依靠和信赖，人们若对他失去了信心，抵触情绪和拆台之举便油然而生了。

九、世人感念的李燮

李燮是东汉名臣李固的儿子，李固因抗拒权臣梁冀被罢官免职后，自知梁冀不会放过自己，就把三个儿子召来，悲痛地对他们说明了事情的缘由，还反复叮咛他们说：『为父一生刚直，致有此祸，我死无悔，只怕牵连你们。梁冀多行不义，必遭天谴，唯今之计，你们只能暂避锋芒，以待来日了。』

李燮当时只有十三岁，他见两个哥哥只是痛哭，他悲伤之余，却坚毅地对父亲说：『父亲大人独抗奸贼，我辈自不会让父亲失望。父亲切不可太悲观了。』

三兄弟逃回老家，姐姐李文姬惊闻凶信，一时大放哀声，连道：『我们李家世代忠臣，素积仁德，竟遭如此报应，苍天无眼啊。』

李燮安慰姐姐说：『一时蒙难，自古便是常有的事，姐姐不要过于伤心了。奸贼处心积虑，害我李家，纵是我李家族灭，他也绝不会有好下场的。』

李文姬见弟弟处变不惊，深以为异，便将他藏了起来，对外宣称他又回京城去了。不久，他的两个哥哥被梁冀派人害死，李文姬把李燮托付给李固的门生王成，逃到徐州境内，改名换姓以避其祸。

李燮初到徐州，茶饭不思，小小年纪只想复仇雪恨。王成见他日见憔悴，于是反复开导他说：『你年纪尚幼，而那奸贼权势正隆，纵是有千条妙计又有何用？时下保命要紧，别的暂且放下吧。』李燮至此心烦意乱，痛哭失声，王成又劝慰他说：『你不同常人，他日必成大器，为父雪耻。可惜你不知时下之要，一味消沉，我真为你担心呐。你若没有真才实学，不趁眼下时光修习本领，将来终是要后悔的。为了你的家仇国恨，你一定要振作起来啊。』

李燮听了他的良言相劝，从此专心跟王成学习，苦读经书，学问日渐增长。十多年后，梁冀被杀，李燮回乡和姐姐相见，二人抱头痛哭，在场之人见之落泪。姐姐对李燮说：『梁冀机关算尽，终遭报应，看来天道有情啊。只是我们李家付出的代价过于惨重，你以后行事要加倍小心了。』

朝廷征召冤死大臣的后人，李燮被任命为官。姐姐喜泣之下，告诫李燮说：『朝政混乱，世道不公，父亲正直无私，反遭祸患。可见若是保命安身，无智不可，事关利害，当要多思。倘是关及国家命脉，你也不要虑及私利，畏首畏尾，辱没父亲的名声。现在奸贼伏诛，弟弟当谢绝众人，不要轻易和他们交往，更不要说梁家的坏话，要知梁家毕竟和皇上是至亲，否则祸患又要降临了。』

李燮听从了姐姐的教诲，行事处处小心。他对别人的诽谤如同未闻，只要不事关重大，他都是不予计较，一笑置之。他的朋友见他如此，都以为他变得怯懦乖巧了。有人便指责他说：『你为名臣之后，自不会愚痴如此。朝廷对你多有厚望，只要你时时表现自己，多出智计，相信你定会受到朝廷重用。像你眼下这个模样，真让李家为你蒙羞啊。』

李燮不和人争辩，姐姐听闻此事之后高兴地对李燮说：『你能隐藏锋芒，忍辱负重，这才是做大事的样子啊。』

汉灵帝时，李燮任安平王刘续的国相。刘续被张角抓去做了人质，朝廷用钱财赎他回来，还让他回封国当王。李燮思及此事关系朝廷声誉，不顾多人劝阻力言不可。劝他的人惊骇地对他说：『你平日少言寡语，做事谨慎，这会儿当是糊涂之极了。此事无论成败，你都会得罪了王爷和朝廷，于你没有丝毫好处，这不是最大的不智吗？』

李燮凛然回道：『大是大非，岂容计较个人私利？我若瞻前顾后，不进直言，当是违逆了天道。我不想在此过多地计较得失，否则天下当无忠贞的臣子了。』

他上奏皇帝，极力劝阻，皇帝不听。刘续回到封国后便对李燮实施报复，罚他到军中服劳役。人们替他惋惜，他却平静地说：『安平王逆天行事，必败无疑，事实会证明这一点。』

不到一年，刘续因为多行不法之事被朝廷处死，李燮官复原职，人们对他的预见和勇气无不感佩。

李夔去世时，国人哀泣，百姓自发地痛悼他，先前对他多有误解的官吏此时才如梦方醒，自愧弗如了。

【品读】

俗话说，人算不如天算，处处算计的人最终也逃不脱天理的安排。可以说，在天理道义面前，智计的作用终是有限的，它可以让人得逞于一时，可若是违逆了这个大道，纵是当时不见其害，也是埋下了祸害的种子，日后终有报应。这方面的例子举不胜举，从反面也印证了智慧不是万能的，适可而止才是智慧的核心所在。

一〇、孙权的卑躬

三国时期，孙权承父兄之业，坐镇江东，成了三足鼎立的霸主之一，却迟迟没有自称皇帝。

起初，曹操自封为魏王之时，孙权却写信劝他说：『你英武不凡，天命在你，只要你登上大位，我孙权第一个拜服在你的脚下。只要你剿灭了刘备，荡平西川，到时我自会献出土地，俯首称臣。』

曹操一眼就看穿了孙权的用心，他笑着对人说：『孙权表面愚钝，其实智谋深不可测。他这是让我激怒天下人，陷我于孤立，他这是想把我放在火炉上烤啊！』

曹丕称帝后，孙权没有半句声讨，反而派使臣携带礼品和书信前去讨封。曹丕封孙权为吴王，加九锡。

孙权的臣属们大感其辱，纷纷进谏孙权说：『曹氏篡汉，乃为奸逆，主公不顺天讨伐，却归附屈从，天下会耻笑主公愚钝的。我朝占据江南，地广兵足，早该自立建国，更不能接受曹氏的封号。』

孙权不急不躁，他懒懒地说：『大势已成，就该顺时应命。当年刘邦也曾接受项羽的汉王封号，并不损他日后建功立业。只要没有实质性伤害，惹人非议微不足道论，我是决心接受了。」

孙权不拒封号，有人便说他胸无大志，甘为附庸。孙权也不计较，在表面上对曹魏十分恭顺。

不久，曹丕派遣使臣索取雀头香、大贝、明珠、象牙、犀角、孔雀等物产，孙权一口答应，没有半点犹豫。曹丕的使臣十分高兴，不想却让孙权的臣子群情愤怒，他们私下埋怨孙权愚顽，还集体上奏说：『曹氏索取无度，俨然以天子自居，把主公视为臣属，这是绝不可接受的。主公不识其奸，竟全然应允，不仅让主公威名扫地，也令天下百姓失望。我等冒死进谏，恳请大王收回成命，驱逐曹氏的使臣。』

孙权见众臣不解其意，只是一笑，他召来众臣，指点他们说：『从前惠施尊奉齐国为盟主，有人指责他自贬太过，为他国立威。惠施于是说：「有人要打他爱子的头，他想用石头代替爱子的头」。头贵石贱的道理人人知道，这样做正是如此啊，有何不可呢？现在魏国时刻打我们的主意，百姓依赖于我，他们便是我的爱子。魏国所要的，在我眼里却是不足道的东西，若能用此换取百姓的平安，还有什么可惜的呢？』

他备足物产，一样不缺地让魏国使臣带回，曹丕十分得意。

孙权的臣子多次劝说他自立为帝，孙权每次都推辞说：『汉室既已衰落，我救之不及，已自责难当，何能忍心与之争夺天下？』

群臣怪他愚不可及，心中十分失望。孙权见众人误解了他的真意，便也担心人心涣散，无奈之下，他才吐露心声说：『我东吴两面受敌，凡事不可显智好强，促使敌人早日对我下手。我接受曹氏册封，不忤其意，就是为了蒙蔽于他；我不称尊，也是为了不给人攻击的口实。只要时机成熟，这表面文章我是不会再做了，请你们放心。』

后来刘备死在白帝城，曹丕也去世了，孙权见对手个个衰落，遂去掉伪装，于公元229年当上了皇帝。

【品读】

在错综复杂的人际社会里，不卖弄自己的聪明，不轻易展露自己的思想，是保身立命的重要准则。聪明有时是惹祸的东西，直率也常常会授人以柄，不失警戒之心终是必要的。故意显示愚钝和愚蠢截然不同，它是一种智慧的显现，是智慧层次上的高级阶段。这种守拙的做法看似倒退，实际上却是智慧的一次飞跃，如果不是大智慧者，很难做到。

一一、清廉忠正的虞愿

南朝宋明帝刘彧在位时，好大喜功，极为奢侈。他把自己做湘东王时的王府建成湘宫寺，花费钱财无数，修得极为富丽壮观。

虞愿时任太常丞、尚书祠部郎、通直散骑侍郎，兼任五郡中正。刘彧建湘宫寺之时，虞愿便极力反对，上谏说：『陛下身为天下之主，一举一动都为百姓注目，身系天下安危。如今强敌在侧，天下并不太平，百姓也不富裕，倘若建寺花费巨大，陛下恩德就不易被人体察了。何况敬奉神佛，全凭真心有意，并不在多用钱财，陛下还是不建为妥。』

刘彧找来虞愿，当面对他说：『朕贵为天子，富有四海，难道修筑一所寺庙也不可以吗？敬佛崇神，这是大利之事，有些花费总是值得的，你为何出言谏阻呢？你不知大义，此事休要再议。』

虞愿不能劝谏，十分苦闷。朝臣有人见之摇头，开导他说：『人生之乐，不过及时行乐罢了，凡人都追名逐利，何况天子呢？你太不知趣，当心皇上动怒啊。』

虞愿冷声说：『仁政不修，这是天子的大忌。逐利伤民，这是天子的亏失。身为臣子，不谏不诤，这是臣子的不忠啊。眼见皇上不纳忠言，我心急如焚，却毫无办法，这又是我的不智了。』

湘宫寺建成之后，群臣齐上表章，称颂不绝，好词用尽。虞愿却没有上书，保持沉默，他的家人劝他识些时务，免得招祸，他却痛声说：『虚名实利，我不屑求之。若让我违心做事，这更使我不能忍受。我只要勤勤恳恳为国家做事，又何必媚俗邀宠呢？』

新安太守巢尚之离职回京，刘彧召见他时，得意地对他说：『湘宫寺你去过没有？朕费心费力，建造此寺，当算朕最大的功德了。』

巢尚之连忙恭维说：『陛下仁爱惠及天下，如今敬佛立寺，更是感动上天，佑我主江山永固。』

刘彧听之大悦，笑声不断。虞愿在旁，终忍不住出语说：『陛下建寺所费，乃百姓卖儿卖女的血汗钱，佛如有灵，当会痛哭，陛下为己私利置天下于不顾，又有什么功德呢？』

此言众人听来，无不大惊失色。刘彧怒不可遏，把他逐出殿外。他本有心杀他泄愤，在众人的求情下，又念他乃是自己为湘东王时的旧臣，刘彧才打消杀他之心，不过对他愈加疏远了。

刘彧肥胖过人，又好吃无度。他特别喜好吃鱼肠酱，装入银钵，用蜜浸渍，一次能吃数钵。因为贪吃，他胸腹阻塞胀痛，常常喘不过气来。虞愿为此上谏说：『美味是吃不完的，如果为了享尽天下美味而损害身体，危及生命，那么美味就和毒药无异了。陛下不惜自身，难道还不顾及天下吗？陛下的生命尊贵无比，又怎会放纵自己，任性无止呢？』

刘彧不听，终因贪吃使自己身体日虚，病危时还能吃三升鱼肠酱，后不治而死。

虞愿后来出任晋平太守，他不谋私利，不置家财，每日都是快乐无比。琅琊王刘秀之对他十分敬佩，叹服地对别人说：『虞愿深通大道，目光致远，安享此生，我们这些俗人日日计较，无片刻安闲，怎能和他相比呢？』

【品读】

生命的有限和利益的无尽，促使人们在二者关系上有很多的思考和反省。人为财死、鸟为食亡的悲剧所以亘古不绝，其中的关键就是人们没能站在生命的高度来正确地看待利益，没有用哲人的眼光来审视人生的价值。知道生命宝贵心有大志的人，是绝不会为了利益铤而走险的。明了生活的真谛和幸福的人，也不会干下唯利是图、不计后果的蠢事。其实，只要平平安安、问心无愧、充充实实地过好每一天，远比绞尽脑汁、贪得无厌、整日提心吊胆的人要活得踏实和自在，这才是人生的真正利益所在。

一二、疯狂的宗爱

北魏的宗爱，因罪被施以宫刑，当了宦官。他在宫中初为杂职，受尽了欺侮，立志出人头地，高居人上。

一次，宗爱因小事被责打之后，他却一反常态地哈哈大笑，有人以为他疯了，他却恶狠狠地咬牙说：『人若无权无势，活着也是贱命一条，大丈夫岂能甘心？我若能侥幸不死，必不择手段，位极人臣，以报今日之辱。』

宗爱有此心计，其后逆来顺受，表现得十分乖巧了。他天生十分精明，善窥人意，又不惜厚颜无耻，极尽巴结，渐渐官职日升，直至坐上了中常侍的高位。

一待握有大权，宗爱果如他所说，对先前侮辱他的人一一报复，弄得许多人无端遭祸。甚至他胡乱猜疑轻视他的人，从来不肯放过，宁枉勿纵。他的心腹死党有时也感到宗爱事情做得实在过分，于是怯声对他说：『大人位高权重，即使报仇雪恨也不能滥杀无辜啊。现在有人便趁此向皇上、太子说大人的坏话，何况那些和大人有仇的人呢？这样下去，不仅于大人声誉有损，只怕皇上、太子怪罪，事情就不好收场了。』

宗爱小人得志，自不会把别人的话认真对待，他阴冷地一笑，说道：『我忍辱负重，好不容易能有今日，为了什么？我报复他们只是其一，借以造势立威亦是我意，谁若是坏我的好事，他们一个也活不成了。』

太武帝晚年，太子拓跋晃代理主持朝政，拓跋晃的亲信给事中仇尼道盛、侍郎任平城自恃有太子宠爱，做事独断专行，对宗爱也不理不睬，甚至多有得罪。宗爱自知在争权夺势上遇到了强劲的对手，一时苦思对策。宗爱的心腹劝他和仇尼道盛、任平城和解，又为他分析说：『时下太子掌权，他们又是太子的亲信，大人怎会斗得过他们呢？与其少有胜算，莫若暂与交结，以待来日。』

宗爱却有自己的见解，他皱着眉头，一字一顿地说：『权势二字，非同其他，不争何得？不将他们除去，我终无法施展。』

他最后诬告仇尼道盛、任平城图谋造反，太武帝愤怒之下，不仅杀了他们二人，太子宫的很多官员也被斩杀，拓跋晃忧惧之下，不久也病死了。

后来太武帝心有悔意，思念太子拓跋晃，宗爱生怕事情败露，为保权势，他竟下毒将太武帝毒死。这件事他做得十分诡秘，得逞之后他才如释重负，胆子无形中又大了几倍，他对自己的死党说：『权势没有人肯拱手相让的，为了它，即使到了最后关头也要放马一搏。我的成功，并不是侥幸所得啊。』

尚书左仆射兰延等人征召秦王拓跋翰入宫，准备拥立他为皇帝。宗爱听此消息，大为惊恐，他气急败坏地说：『一旦秦王为帝，我命休矣。』

他自知和秦王不睦，为防日后遭祸，他索性把平日和他要好的南安王拓跋余秘密接进宫中，极力劝说他登上帝位。其后，他又假传皇后的命令，把兰延等人骗进后宫，一一诛杀。秦王拓跋翰也不能幸免，被宗爱押到宫廷监狱杀死。

拓跋余当上皇帝后，封宗爱为冯翊王，任命他为大司马、大将军、太师，都督诸军事，兼领中秘书。至此，宗爱权势冲天，朝政大权一人独揽。他我行我素，行事更无禁忌，对百官动辄呵斥，专权日甚。有人试图劝宗爱有所收敛，对他说：『大人位极人臣，已是无可再升，当可居安思危。所谓不进则退，大人若能以退示人，稍饰礼下，上附天意，下合人心，大人再无后顾之忧了。』

宗爱纵声狂笑，浑然不觉。百官私下纷纷向拓跋余进言，拓跋余也对他产生了怀疑，于是他计划剥夺宗爱的权力。宗爱闻此信息，竟又派人将拓跋余杀死。他穷凶极恶，最终遭到报应，文成帝拓跋浚即位后将宗爱诛杀，诛灭其三族。

【品读】

权势是令许多人眼红的东西，争权夺势而产生的悲剧从来没有平息过。权势给人带来的好处是显而易见的。但它暗伏的隐患却也是最致命的。正所谓树大招风，一个人的势力越大，他所面临的风险和潜在的敌手也就越多，何况势力的扩充总是以打压别人为前提的，不可避免地会有损他人的利益，进而制造出一个个『仇人』。有鉴于此，那些智者并不夸耀权势，方方面面都很低调；他们对权势的追求也不一味贪求无度，而是有节有制。

一三、不问政务的李元忠

北魏孝庄帝在位时，李元忠为南赵郡太守。他见时局动荡，权臣在朝，索性喝酒不止，每日皆醉。

有人见他不问政务，行为不检，就公开指责他说：『你身为朝廷命官，不知上报皇恩、下抚百姓，枉担君子之名，难道君子就是你这个样子吗？』

李元忠对责问他的人一概不理。他在任上没什么政绩，却也全身而退，没有受到朝中权臣的陷害。

孝庄帝被尔朱兆囚禁杀害后，李元忠见天下将乱，于是放弃官职，暗中谋划讨逆大事。不久，晋州刺史高欢出兵讨伐，李元忠闻知便坐着无蓬车，提着一壶酒前去拜见高欢。高欢没有立即接见他，李元忠就对守门的兵丁说：『你们大人如要招揽贤才，当有周公吐哺之心，他迟迟不肯见我，他的为人就可想而知了。请把我的名帖还我，我不想见他了。』

兵丁告知高欢，高欢动容，急忙召见。李元忠见高欢设下酒宴，于是开口说：『大人出兵讨逆，可否容我谏言？』

高欢自度李元忠不是寻常之辈，于是诚恳请教说：『先生助我，但讲无妨。』

李元忠献上合纵连横之计，又为他分析时局，精心谋划，高欢听得连声叫好，最后竟一把拉住李元忠的手说：『先生高见，只恨相交太晚，有先生在侧，大事必成了。』

李元忠随高欢征战，尔朱兆等人一败涂地，于是高欢控制了朝中大权。他论功行赏，对李元忠特别优待，让他当了侍中的高位，平日和他十分亲密，与众不同。

身处高位的李元忠又不问政事了，他天天喝酒，见了高欢也恭谨多礼，以致让高欢感到很陌生。一次，高欢召他议事，随口笑着对他说道：『你我亲密无间，无须顾忌，难道你还怕我不成？』

李元忠只说：『朝廷礼度，岂可因私而废？万望大人海涵。』

有人托李元忠向高欢求官，李元忠一概不应，他们便怪他说：『你和丞相私交深厚，这点小事丞相一定会答应的。你一口回绝，难道一点人情也没有了？』

李元忠任人责骂，私下却对家人说：『外人不知我心，难怪他们怨恨我了。高欢外表宽厚，其心多疑，性情粗暴，哪里是别人所能识破的呢？现在他高高在上，自又不同往日，我若为人求官，缺少恭敬，必然犯了他的大忌，迟早他会翻脸无情的。我不问政事，游玩无度，也是在解除他的疑心呐。』

高欢见他这样不思进取，内心十分满意和放心。他打算任命李元忠为尚书仆射，高欢的儿子高澄十分不解，他列举了李元忠的喝酒、好色、游玩之事，力劝不可，高欢听罢大笑，遂道：『李元忠若不这样明理知事，为父第一个就要除掉他了。此人智谋过人，深谙性情伦常，他既知我在先，我也要让他逍遥在后，就算是对他的奖赏吧。』

【品读】

在不知不觉中冒犯有权势的人大有人在。如果说坚持正义而故意为之，这无可厚非，但因无心之失而招惹麻烦、自树强敌，就该深刻检讨了。有权势的人忌讳颇多，身为弱者，和他们打交道应当小心谨慎，纵使人们和有权势者曾是密友故旧，乃至亲人，也不能随兴而发了。要知道，有权势者的人虚荣心极强，他们的承受力也极为脆弱，一时惹恼了他们，对自己终不是件好事。

一四、作茧自缚的李欣

北魏文成帝拓跋浚在位时，李欣任仪曹尚书，兼领中秘书，赐爵扶风公。他博学多才，颇有正直之风，因此在朝中得罪了许多人，有人便多次诬陷他，令李欣烦不胜烦。

一次，文成帝当面责备他，态度十分严厉，李欣不敢辩白，心中却是充满了委屈和愠怒。他的好友尚书李敷安慰他说：『皇上怪罪，是因你结怨之人太多了，有他们生事，你还会有好日子过吗？为官者皆为名利二字，你只要不去侵犯他们的利益，凡事睁只眼闭只眼，他们自然不会难为你了，你这是何苦呢？』

李欣仍不服输，说道：『皇上英明，那些小人终不能成事。我自小立志成为君子，又怎能干那些苟且之事呢？』

李欣不肯同流合污，终被赶出朝中，任相州刺史。他在任上执政清廉，办事公道，百姓多有赞誉。李欣政绩卓著，皇上便屡屡赏赐他，一些别有用心的人不仅恭维他，还以各种借口和名义送给他财物。李欣由此骄傲自满，渐渐开始贪赃纳贿，他还为此辩解说：『我以前多受欺凌，被发配到此，想来终是愚顽之极，人生在世，何必那么认真呢？做个君子太难了，索性就随俗吧。』

李欣的大变，令起初崇敬他的人十分失望。他们骂李欣是伪君子，于是就向朝廷检举他的贪赃罪行。尚书李敷自小和李欣感情亲密，他在朝中为李欣掩盖，多次压下告发李欣的奏折不向皇上禀告，李欣为此感激涕零，送重礼向他答谢。李敷的一位亲友就此为他担忧，劝他说：『李欣已非昨日之李欣了，今察其行，乃实足小人也。小人嗜利如命，不讲道义，你现在全力帮他，不仅不值，而且他日一旦你有事端，他必恩将仇报，到那时就悔之不及了。』

李敷不住地摇头说：『李欣受些钱财，无伤大雅，他的为人我还是了解的。我无私地帮他，任何时候他都不会害我的。』

献文帝从别处听说李欣的罪状，十分气愤，他用囚车把李欣押回平城，拷问之下，李欣只好一一招认，按律当被处死。

献文帝此时已对李敷十分厌恶，于是授意主管官员让李欣揭发李敷。主管官员对李欣暗示此乃皇上旨意，且说：『你本必死无疑，倘若指控李敷，皇上会念你戴罪立功，免你一死。』

李欣起初还不肯这样做，他说：『李敷待我情深义重，我怎么会诬陷他呢？这比杀我都让我难以接受啊。』主管官员将此话报知献文帝，献文帝听后却是一笑说：『李欣好利贪赃，对这样的小人以利驭之，焉能有失？他这只是装装君子罢了，他一定会答应的。』

果不出献文帝所料，李欣第二日就答应全面揭发李敷。他为了保命立功，所举『罪证』不惜无中生有，骇人听闻。李敷很快被杀，李欣死罪得免，不久又被重新启用，为太仓尚书之职。

李欣卖友求荣，却仍自充君子，愚弄世人。赵郡人范标为人奸险，趋炎附势和他交结，李欣却十分信任他。左将军李璞对李欣说：『范标笑脸迎人，满嘴势利，这样的小人反复无常，没有好处他就会倒戈一击，你可要当心呐。』

李欣自恃聪明，不屑地说：『范标忠诚于我，我自不会亏待他。他纵然心有邪念，又岂能逃过我的手心？除非他不想活了。』

献文帝死后，范标知道冯太后痛恨李欣，为了邀功求宠，他于是控告李欣私通外国。李欣大呼冤枉，又指责范标不念恩义，范标出口相讥说：『你对我的这点恩惠，又怎比得上李敷对你的恩惠大呢？你对他尚且下毒手，我为何对你不能呢？』李欣哑口无言，于是终被处死。

【品读】

俗话说，垂下香饵，必有上钩之鱼。贪图利益而不问是非、不知轻重的人，常常要付出血的代价。利益作为一种御人的利器，从来只对小人产生感召效应，而真正的君子纵然贫贱孤危，也不会为其所用。屈从于利益的人，势必要受制于人和事；对利益的过分偏爱，只能使自己丧失立场和原则，做出有违道义的事情，害人害己。

一五、早作安排的章仇兼琼

章仇兼琼是唐玄宗时的剑南节度使，他对当朝宰相李林甫十分畏惧，唯恐遭他暗算，大祸临头。

一次，章仇兼琼对当地富豪鲜于仲通说出了自己的隐忧，他凄惶道：『按理说我对李林甫的孝敬也不算少了，可我了解他的为人，似他那样阴险狡诈的人，说不上哪一天便会翻脸，你说我该怎么办呢？』

鲜于仲通点头说：『大人所料不差，那李林甫实在不能依靠。大人在外为官，若是朝中没有内援，早晚也不让人安心。有人攻击大人，无人肯为大人说话，岂不任人宰割？大人所虑极是，还是抓紧赶办此事吧。』

章仇兼琼于是委托鲜于仲通操办此事，他交代说：『听说皇上有一新宠杨贵妃，我猜想既是新宠，一定无人去攀附她，这是个大好时机，你若能替我去一趟长安，和杨贵妃拉上关系，我就不用日夜忧心了。』

鲜于仲通听此一笑，他说：『京师若无人引荐，去了也是白去。好在我认识一人，他叫杨钊，乃是杨贵妃的远房堂兄。』

章仇兼琼一听即喜，连道：『这下好了，有了这层关系，我还愁什么呢？』

鲜于仲通所说的杨钊，就是后来权势通天的杨国忠，国忠这个名字是唐玄宗赐给他的。杨国忠原是个当地无赖，好吃懒做，又嗜赌成性，无人瞧得起他，鲜于仲通一时心软，倒是常常周济他。

章仇兼琼催促鲜于仲通马上把杨国忠领来，一见面，身为蜀地最高长官的章仇兼琼竟吹捧杨国忠说：『贵妃之兄竟埋没在此，都是我照顾不周啊。您看上去一表人才，定胸怀治国安邦之术，能和您相识，实在荣幸之至。』

杨国忠本来惶恐异常，一见章仇兼琼对己没有威仪不说，还低三下四，一时不知所措，鲜于仲通在旁也说：『您久受委屈了，所幸苍天不埋没英才，如今节度使大人慧眼识人，有心重用于您，不知您意下如何？』

杨国忠受宠若惊，当即点头应允。章仇兼琼喜之不尽，马上让他做了自己的属官。自此，章仇兼琼如获至宝，对这个『属官』待若上宾，关爱备至，不知真情的人十分不解章仇兼琼的『谦恭』，一些知道内幕的人也认为他做得有些过分，于是对他说：『杨钊是杨贵妃的亲戚不假，可他们的关系只是五服内的兄妹，并不亲近，大人这样厚待他，未必就有回报，大人做事还是留些余地为妙。』

章仇兼琼一笑说：『依附权贵，顺藤摸瓜，是件容易做到的事吗？我自甘下贱，与他结纳，这种患难之交，才能让他感动不忘，杨钊为人狡黠，机智善辩，有杨贵妃的提携，他日必能显贵，这一点，我是不会猜错的。』

时间不长，章仇兼琼便安排他护送丝缎入京师。他亲自为杨国忠设宴送行，又悄悄对他说：『一路辛苦，我特为您在郫县准备了一点薄礼，到了郫县，自会有人交予您手，切不可推托啊。』

到了郫县，章仇兼琼的亲信将薄礼呈上，却是让杨国忠一惊非小。礼物全是蜀地最精美的土特产，应有尽有，价值达万缗之巨。杨国忠感激章仇兼琼，到长安后便将礼物分赠给杨氏兄弟姐妹，他一再强调说：『这都是节度使章仇兼琼让我送给你们的，他是我的大恩人哪。』

杨氏姐妹从此总在玄宗面前说章仇兼琼的好话。玄宗对他的好感日增，纵是有人弹劾章仇兼琼，玄宗也一概不理。杨国忠也通过此行接近了玄宗，为日后掌权铺平了道路。

【品读】

小人的心思总是用在保全自己、保住富贵之上。小人时刻都在揣摩变化了的形势，进而为自己谋取保护伞和安排退路。在封建专制时代，官官相护的弊端和关系网的密布，让小人更不遗余力地拉帮结伙，攀附权贵，只要用得着的人物，他们都会极力巴结，委身服侍。对此没有感受和感知不深的人，难免会遭遇各种不幸，而精于此道的小人，由于他们思虑在前、行动在先，却是捞取了不少好处。

一六、李适之的恐惧

和李林甫同朝为相的李适之，是唐宗室的后代。李适之宅心仁厚，宽以待人，颇有政绩，唐玄宗十分信任他。李林甫看到了李适之的威望日增，自己感觉受到了极大的威胁，明里和他交好，暗中却时刻想除掉他。

一日，李林甫的提议被李适之反对，李林甫表面上听从，背地里却召集同党，他愤恨地对他们说：『有李适之在朝，我终受掣肘，需设法除去此人。』

同党议论纷纷，有人便道：『相爷既有此意，我们联名弹劾他，不怕皇上不听。』

又有人说：『我们人多势众，只要一齐鼓噪，李适之想辩都不可能有人信他，这有何难？』

李林甫老谋深算，听完众人的议论之后，他长叹一声道：『皇上宠信于他，你们进言攻击只怕没用。你们是我的人，皇上心存反感，岂能不迁怒于我？这个方法还要重议。』

思虑了多时，李林甫终于想出了一条计策。他私下对李适之极尽美言，忽而话题一转，笑着对李适之说：『今有一事，对国对民都是天大的喜讯，大人愿听吗？』

李适之不识李林甫之奸计，对他更是缺少防范，于是马上计问。李林甫神秘地说：『华山有金矿，如果开采出来，国家便富强了，这不是好事吗？皇上尚不知此事，我刚得到消息，第一个便告之大人了。』

李适之信以为真，遂后就向玄宗禀明此事。玄宗找来李林甫相询，李林甫却说：『这件事我早就知道。我之所以没有报告陛下，只是因为华山乃陛下本命所在，亦是大唐王气聚集之地，那里一草一木都不能擅动，何况采矿呢？这会危及大唐江山啊。我隐瞒不报，正是为了保护国家命脉，不知李适之是何居心。』

玄宗深感李林甫的忠诚，对李适之顿时十分怨恨，他当面斥责了李适之，从此便不信任他了。

李适之事后反省，发觉上了李林甫的大当，可他又无法自辩，不觉对李林甫的阴险十分恐惧，再不敢小看他了。

太子妃之兄韦坚，本和李林甫关系密切，他的妻子，乃是李林甫舅爷楚国公姜皎之女。韦坚头脑简单，他不知李林甫嫉恨李适之，而是和他来往密切，十分友善。对此，有人便提醒韦坚说：『李适之和李相爷面和心不和，大人怎能不避嫌疑，和李适之亲近呢？李相爷必会怪罪大人。』

韦坚不以为然，一笑说：『这是我的私事，李相爷焉能怪罪？他们同朝共事，同为宰相，我看不出他们之间有什么过节。』

李林甫果然对韦坚愤恨。他指使心腹弹劾韦坚勾结边将，密谋扶助太子夺权，把韦坚一贬再贬。李适之见李林甫把矛头又指向了自己，为求避祸，不待李林甫弹劾，他就自动请辞，结果被免去相位。

李适之离开朝廷之后，仍然是每天惶恐不安，长吁短叹不止。他的儿子对他说：『父亲主动请求辞职，时下平安无事，为何还如此闷闷不乐？杀人不过头点地，父亲难道还担心李林甫会再次加害我们不成？』

李适之怅然地说道：『你是说对了，为父忧虑的正是此事啊。从前我不识李林甫的为人，现在总算是领教了，像他这样的小人，还有什么事干不出来呢？』

天宝六年，李林甫为了铲除后患，假借官吏巡查流放贬官之机，派人杀了韦坚等人，李适之也被逼喝药自杀。

【品读】

小人不乏诡计，也不乏揣度他人的本事，到头来，人们还会识破他的真面目，历史上善使智谋的人，他们的成功也绝非单凭智谋，他们的人格力量和仁爱之心，同样是不可或缺的。一个人如果自恃聪明，一味玩弄智计，置其他于不顾，虽可以成功于一时，却绝不能长久地立于不败之地。

一七、张说的慷慨

张说是唐玄宗时的宰相，他为人气量狭小，行事卑鄙，一向心高气傲，甚至不把和他同朝为相的姚崇放在眼里。姚崇素来有君子之名，声名卓著，他十分痛恨张说的小人嘴脸，时刻寻机将他逐出朝廷。张说对此并不在意，张说的手下也胡作非为，没有一人对张说有所劝告。

一天，张说朋友的儿子贾全虚前来投奔他，张说见他少年有才，聪明过人，张说便破例收留了他，让他做了记室。张说此举出乎所有人的意料，张说私下对他的小妾宁怀棠说：『人不为己，天诛地灭。你们都怪我收留了朋友之子，又哪知我的心意呢？我高高在上，得罪的人恨不得吃了我，我也该找些援手，以图长远打算了。贾全虚这个人多才多智，不可小看，我今日施恩于他，就是为了他日有变，也好有个照应。说是为他，也是为我自己，你们不知官场凶险，自不能有此一虑。』

张说对贾全虚心存利用，便表现得十分关爱。他一改对别人的孤傲态度，常让贾全虚陪自己喝酒聊天。贾全虚心中十分感动，每次都极为卖力地替张说出谋划策，他还进言说：『大人礼贤下士，平等待人，对大人如此身份的人，实属不易啊。我贾全虚虽无德无能，尚知感恩图报，如大人推我及人，大人的美德广为人知，人人报效，事情就大大不同了，大人的富贵亦能久胜无衰。』

其实，贾全虚也不是个君子，他虽有才智，品行却是很差。他在张说家里待的时间一长，便和张说的侍妾宁怀棠眉目传情。一来二去，二人勾搭成奸，又想双双逃走，后来还是被抓获归案。

张说气得七窍生烟，对贾全虚破口大骂，还亲自打了宁怀棠几个耳光。贾全虚自知凶多吉少，可他还是挣扎着对张说说：『大人有大量，我不求大人原谅，却盼大人留下我为大人效命。贪色爱才，这是人之通病，若是为了一个女人而杀我，大人实在不智啊。从前楚庄王不穷绝缨，杨素不追红拂，他们都有奇获，千古传名，大人何不为己为人，暂息雷霆之怒呢？』

张说冷静下来，心中不停地盘算。他见贾全虚临死不乱，实是奇才；又见宁怀棠跟定了贾全虚，可谓留得住人却留不住心了。他脸色变了几次，在心里权衡了很久，最后下定决心，叹息说：『你们实在无礼，让人难以承受啊。我张说贵为宰相，按理说我不该受此大辱，饶恕你们，可木已成舟，你贾全虚又多有才学，我就忍气吞声，为了天下大义不和你们计较了。你们可知我心吗？』

张说咬紧牙关，不但将宁怀棠赏给了贾全虚，还赠送了丰厚的嫁妆。贾全虚感动得涕泪横流，张说又对他说：『你身处贫贱，本该严守本分、事事小心，否则你就只能永守贫贱了，又怎有出头之日呢？这次是个例外，你不要心存侥幸。』

贾全虚后来多方钻营，混了个到内廷机要处传递奏折诏书的职位。一天，当他见到姚崇弹劾张说的奏书和唐玄宗命令御史中丞秘密调查张说罪行的御批时，便急忙赶去面见张说，向他密报此事。张说又惊又惧，贾全虚这会儿并不着急，他对张说说：『我深受大人厚恩，无日不思回报。今日大人有难，我纵是拼了性命，也要为大人分忧。为今之计，只要大人不惜重宝，让我为大人打通关节，即使不能祸事尽免，也会大事化小了。』

在贾全虚的帮助之下，张说的罪案最后草草收场，张说只被调出朝廷，还出任为相州长史。

当张说的家人说他吉人天相时，张说深有感慨地说：『我放了贾全虚一马，才有今日的福报，这其中的因果果然不虚，哪里是什么吉人天相呢？』

【品读】

人的身份和地位的不同，决定了他们在为人处事中所采取的态度和方式的不同，各有侧重。富贵之人高高在上，最易招人怨恨，多有责难，如果他们能适时放下架子，对地位比他们低的人表示亲近，这不仅会改变他们的形象，也会为将来留条后路。贫贱之人无权无势，如果放荡不羁，对人不敬，只能使自己的处境雪上加霜，翻身的希望也更加渺茫。

一八、王曾的密奏

宋仁宗继位之初，因其年幼，刘太后把持朝政。当时丁谓专权，他打击异己，很多忠正之士被他诬害，连大臣李迪、寇准都被他贬出京城，当时人们都是敢怒而不敢言。

王曾身为耿介之臣，对丁谓的行径十分怨恨。他自知丁谓受宠极深，扳倒他绝非易事，便也和其他人一样，隐忍不发，外表上装得服服帖帖，从不顶撞丁谓。

其时，真宗陵寝尚未完成，刘太后让丁谓兼山陵使，雷允恭为都监。雷允恭和司天监邢中和勘察陵址，邢中和对雷允恭谈了自己的判断，他说：『前面山陵再过百步，应是上佳之穴。那里风光甚佳，若以此为陵，可主子孙众多，后世福之不尽。』

雷允恭极善迎奉，此刻一听其言，马上喜之不尽，他说：『倘若如此，陵寝当移筑那里，你我都是奇功一件啊。这件事得抓紧办。』

邢中和却是一叹，他顾虑说：『这事关系非小。又要重新勘察，何况离下葬的时期只有七天了，哪里来得及呢？最让我担心的是，那里的地表下面恐有岩石和水，万一出了问题，你我都担待不起啊。』

雷允恭为求大功，坚持改建陵寝，他最后以命令的口吻说：『你督工改造即可，我这就禀明太后，让太后圣裁。』

太后听了雷允恭的陈述，也拿不定主意，她最后说：『改动陵寝，你还是和山陵使商议吧。』

雷允恭遂去请示丁谓，他故意夸张地说：『若能让皇宫多子多孙，大人便是第一功臣。那里风水奇佳，虎踞龙盘，一看就是宝地，相信太后也会满意的。』

丁谓素喜贪功，一听此言，也不禁暗喜不止，他对雷允恭说：『我们为皇上效忠，只要对皇上有利的事，你就大胆干吧。』

雷允恭回复太后，太后也同意了。监工役夏守思带人改穿穴道，正如邢中和所言，挖着挖着就挖出了岩石，然后又有清水涌出，工地因水而漫，一片狼藉。人们议论不休，皆以为怪，夏守思一时恐慌，忙派人去禀报太后。

太后一知此讯，立时发怒，她责问雷允恭失察，丁谓却为他辩护说：『雷大人一心尽忠，本该重责的事，也只怪他大意所致，饶恕他吧。何况此事并未最后查明，太后当命人再去探察，以定其罪。』

王曾这会儿越众而出，自请前往。丁谓见他自荐，自认为他胆小怕事，顺从自己，也没有提出异议。

王曾的朋友暗中叫苦，私下对他埋怨说：『丁谓专横，太后又不能欺瞒，这种得罪人的差使别人都避之不及，你为何还要抢着去呢？你真是糊涂了。』

王曾面不作色，只含糊说：『此等小事，没有那么多说法，你想得太多了。』

三天之后，王曾回转京城，便径直赶奔皇宫去见太后。见得太后，王曾请求太后让身边人都退下。他这才故作紧张说：『臣已查验过陵寝，那本是风水宝地，不该有任何改动。丁谓其心险恶，他指使雷允恭擅改皇陵，其意竟是置皇陵于绝地啊。此等滔天大罪，如臣不亲往，也是实难以置信。』

太后大骂丁谓不止，立时下令将雷允恭处死。不久，丁谓也被贬往西京洛阳。王曾的家人暗问王曾此中缘故，王曾只说：『丁谓鸣冤叫屈，看似可怜之至，可他陷害别人之时，也该想到会遭这样的报应。对付这样的小人，还得用小人的办法，否则，得意的又该是他了。』

【品读】

用小人的招法来对付小人，从来就不失为一种有效的手段。君子致祸，常因心地良善、不忍对敌用非常方法所累，这固是君子仁爱的美德，同时也不可避免地陷入被动，为小人所乘。要知小人是无所不用其极的，和小人斗争，正大光明的方法行不通时，适当采用一些必要的手段，不仅有利无害，而且立竿见影，其震慑力亦非寻常之法可比。

本章释评

揣摩之术是战国纵横家的主要游说手段，揣、摩两字既有联系，又有区别。揣，着重揣测对方主观情况；摩，着重接触，在接触中试探对方尽力顺从对方的心意，以求得与对方亲密无间的效果。本章从正、反两方面列举了大量历史人物的兴衰荣辱的过程，意在说明『摩』对于一个人的成功所起到的关键作用。

第九章　权①篇第九

【阅读提示】

一、权衡利弊，抓住关节点，说服对方就可以事半功倍。游说的目的需要运用恰到好处的游说手段来加以实现。

二、在游说之时，协调运用你的口、耳、目，做到自身的和谐自然。

三、学会扬长避短，充分发挥自己的优势，避免以自己之短对人之所长。

四、成功说服别人需要抓住对方的弱点，所以劝说别人的时候不仅要注意不同的方式，更要注意不同的对象。

五、对待同一件事情、同一个人，在不同的时候也要采取不同的方法。

说者，说之也②；说之者，资③之也。饰言④者，假⑤之也；假之者，益损⑥也。应对⑦者，利辞⑧也；利辞者，轻论⑨也。成义者⑩，明之也；明之者，符验也。难言⑪者，却论⑫也；却论者，钓几⑬也。佞言者，谄而干忠；谀言⑭者，博而干智；平言⑮者，决而干勇；戚言⑯者，权而干信；静言⑰者，反而干胜。先意承欲者，谄也；繁称文辞者，博也；策选进谋者，权也；纵舍⑱不疑者，决也；先分不足⑲而窒非⑳者，反也。

①权：本义是秤砣，天平上用的砝码，可以衡量物量的变化。

②说者，说之也：所谓游说就是要说服他人。

③资：资益的意思，也就是给人利益或有所贡献。

④饰言：修饰性的语言，也就是很好听的话。

⑤假：不真实。

⑥益损：增减的意思。

⑦应对：应声和对答，巧妙地处理。

⑧利辞：权宜之计的说辞或暂时敷衍的言论。

⑨轻论：轻巧而不负责任的言辞。

⑩成义者，明之：具有义理的语言，要阐明其真伪。

⑪难言：指责对方言词的话。

⑫却论：表示反对的论调。

⑬钓几：诱出对方心中所隐藏的机微之事。

⑭谀言：谄媚的言词。

⑮平言：平实而可靠的言论。

⑯戚言：面带忧色的言论；戚是忧愁的意思。

⑰静言：心平气和时所说的话。

⑱纵舍：进退的意思，也就是举止动作。

⑲先分不足：自己有所不足之处。

⑳窒非：责备他人的过错。

故口者，几关①也，所以闭情意也。耳目者，心之佐助②也，所以窥间见奸邪③。故曰：『参④调而应，利道⑤而动。』故繁言而不乱，翱翔⑥而不迷，变易而不危者，观要得理。故无目者，不可示以五色，无耳者，不可告以五音。故不可以往者，无所开之也；不可以来者，无所受之也。物有不通者，故不事也。古人有言曰：『口可以食，不可以言。』言者，有讳忌也。众口铄金⑦，言有曲故也。

①口者，几关也：嘴是表达或隐瞒意思的器官。

②耳目者，心之佐助也：耳与目是帮助心搜集情报的。

③奸邪：奸是恶，邪是不正，即邪恶不正之人。

④参：指心、眼、耳三器官而言。参同于三。

⑤利道：关于有利的道。

⑥翱翔：翱是鸟在空中飞舞的姿势，翔是鸟在空中展翅划圆飞舞的姿态，指鸟飞翔于天。

⑦众口铄金：铄金，使金熔化。如果有很多人都这样说，无论如何坚定的心都会动摇。比喻为人应考虑流言蜚语的力量。

人之情，出言则欲听，举事则欲成。是故智者不用其所短，而用愚人之所长；不用其所拙，而用愚人之所工，故不困也。言其有利者，从其所长也；言其有害者，避其所短也。故介虫[①]之捍也，必以坚厚；螫虫[②]之动也，必以毒螫。故禽兽知用其长，而谈者亦知用其用也。

故曰：『辞言有五：曰病、曰怨、曰忧、曰怒、曰喜。』故曰：『病者，感衰气而不神也；怨者，肠绝而无主也；忧者，闭塞而不泄也；怒者，妄动而不治也；喜者，宣散而无要也。』此五者，精则用之，利则行之。

①介虫：介就是甲或盔甲，介虫是带有甲壳的昆虫。

②螫虫：指能用毒针来刺人的虫子，如蜜蜂之类。

故与智者言，依于博[①]；与拙者[②]言，依于辩；与辩[③]者言，依于要[④]；与贵者言，依于势；与富者言，依于高[⑤]；与贫者言，依于利；与贱者言，依于谦；与勇者言，依于敢[⑥]；与过者言，依于锐。此其术也，而人常反之。是故与智者言，将以此明之；与不智者言，将以此教之，而甚难为也。故言多类，事多变。故终日言，不失其类，而事不乱。终日不变，而不失其主。故智贵不妄，听贵聪，智贵明，辞贵奇[⑦]。

①博：博学多闻。

②拙者：不高明的人、才能低下的人。

③辩：言论，雄辩。

④要：枢纽、要点。

⑤高：此指精神高度集中。

⑥敢：果敢进取的气质。

⑦听贵聪，智贵明，辞贵奇：如听力好就不会真伪混乱，如智慧高就能辨别可否，如言辞巧妙就能明辨是非。换言之，如果能发挥此三者就会成功，因此智者尊重此三者而不敢妄为。

【译文】

所谓『游说』就是对人进行劝说诱导。对人进行游说的目的，就是说服人啊。游说者要会粉言饰词，用花言巧语来说服他人。借用花言巧语说服别人，要会随机应变，有所斟酌，通于机变。回答他人的问话，要会运用外交辞令。所谓机变的外交辞令是一种轻巧的言辞。具有正义与真理价值的言论，必须要阐明真伪的目的；而阐明真伪，就要验证是否正确。责难对方的言辞，是反对对方的论调，持这种论调时，往往是要诱出对方心中的机密。

说着一些奸佞之辞的人，会因谄媚而显得比别人忠诚。说着奉承话的人，会因吹捧对方而显得富有智慧。说着一些平实之话的人，由于果决而显得勇敢。说忧愁话的人，由于握着权力，而显得有信用，而说稳重话的人，却由于能反抗而取得胜利。用华美的辞藻来鼓吹欲望者，就是谄媚。用夸大与吹嘘来进献谋略，从而博取上司欢心的人，就是揽权者。前后进退而不犹疑者，就是果决的人。自己本来不对反而指责他人过错的就是反抗者。

一般说来，『口』就是人的『政府机关』。用它来封锁消息，也用它来宣传信息。耳目，就是心的辅助器官，用它来侦察奸邪。所以说，只要（口、耳、目）三者相互呼应，就会走向成功。

一般说来，虽有烦琐的语言却并不纷乱，虽有翱翔之物却并不迷惑人，虽有局势的变化却并不危险，就是要在观察事物时，掌握住要害所在。由此可知，没有眼睛的人，没有必要拿五色给他们看；同理，没有耳朵的人，没有必要让他们去听五音；所以不可以去的地方，不必让他们去，不可以来的人，也没有必要迎接他们。有些行不通的事，就不要办。古人有言：『嘴可以吃饭，不可以说话。』说的是讲话是有忌讳的。要时刻警惕人言可畏，那是可以把事实歪曲的。

人之常情，只要自己说出了话，就希望有人听，只要办事情就希望能做成功。所以一个聪明人不用自己的短处而用愚蠢者的长处，不用自己的笨处而用愚蠢者的擅长，这样就使自己永远不会陷于窘迫的困境。说到有利的一面，就要发挥其长处，说到有害的一面，就要避免其短处。因而，甲虫防卫进攻，是用其坚硬的甲壳；而毒虫采取行动，一定用那有毒的螯针。连禽兽都知道发挥自己的长处，何况进谏的人，更应该会用游说之术了。

所以说，在外交辞令中有五种情况：一是病态之言；二是幽怨之言；三是忧郁之言；四是愤怒之言；五是喜悦之言。一般说来，病态之言说明神气衰弱，说话没有精神；幽怨之言说明伤心痛苦，没有主见；忧郁之言说明心情郁结，不能畅所欲言；愤怒之言说明轻举妄动，不能控制自己的情绪；所谓喜悦之言说明说话自由散漫，没有重点。以上这五种外交辞令，精要者可以使用，有利者可以付之实行。所以与智者谈话，就要以渊博为原则，与拙者说话，要以强辩为原则；与善辩的人谈话，要以简要为原则；与高贵的人谈话，要以鼓吹气势为原则；与富人谈话，要以高雅潇洒为原则；与穷人谈话，要以利害攸关为原则；与卑贱者谈话，要以谦恭和蔼为原则；与勇敢的人谈话，要以果敢决断为原则；与上进者谈话，要以锐意进取为原则，这些都是与人谈话必须讲究的原则。然而不少人却常常背道而驰。与聪明人谈话时，就要让他明了这些方法；与笨人谈话时，就要把这些方法教给他。然而事实上很难做到。所以说谈话有各种方法，所论的事情会不断变化。（掌握这些）虽然终日谈论，也不会把事情搞乱。即使事情不断变化，也不会失其原则。故就智者而言，重要的是能不乱不虚，听话则必善辨真伪，聪颖则能善断是非，出言则要变化莫测。

鬼谷智囊

一、晏婴的勇气

春秋时期，晏婴在齐国为官。齐庄公三年，晋国大夫栾盈逃到齐国，庄公盛情款待他，他对群臣说：『栾盈在晋国颇有地位，他弃国来投，可见齐之威力已震慑天下。我善待他，就是让天下士人知道我礼贤之名，以助我成就霸业。』

晏婴和栾盈先已见面交谈，他此时便对庄公说：『栾盈此人工于谄媚，他和臣交谈时臣已感受到这一点了。我见他对主公极言奉承，无一句真心之话，这样的人主公怎肯轻信呢？他如此行事，乃用心不轨，其意非善，主公还是应该有所戒备啊。』

庄公不听，对栾盈宠信不减。栾盈在齐国交结大夫，遍送贿赂，极力巴结，以致许多人都为其拉拢，力言其好。晏婴反复上谏庄公，请他提防栾盈，最后庄公烦不胜烦，竟出语大骂说：『你不知好歹，难道栾盈和你有仇？你天天在我的面前说他的坏话，我看所谓的奸人就是你这样的人了！』

晏婴毫不畏惧，他说：『主公喜爱甜言蜜语，栾盈便投其所好，不遗余力。如果说这样的人为忠，那么这样的话谁不会说呢？我问心无愧，却以之为耻，只有奸恶之人才会这样不以为然。』

一年过后，栾盈为晋国做内奸的真情败露，庄公不自加反省，却仍指责晏婴对他说话无理，有犯上之罪。

齐庄公六年，庄公被权臣崔杼杀死，无人敢去吊唁。晏婴不避嫌疑，趴在庄公尸体上大哭。崔杼对晏婴说：『主公荒淫无道，他对你并不器重，为何你如此悲伤呢？』

晏婴正色说：『忠不谄媚，奸不言真，我身为人臣，自当尽忠，又岂能指责主公的错失，而没有大义呢？』

有人劝崔杼把晏婴杀掉，崔杼反倒放了他，且说：『他不畏死，杀他何益？他众望所归，放了他可收取民心。』

齐景公继位后，晏婴见他宠信梁丘据，对梁丘据的谄媚之言全然接受，不觉心忧。一次，晏婴陪齐景公打猎，他见梁丘据又胡言奉承齐景公，立时心厌不止。齐景公对众臣说梁丘据和他最为和谐，晏婴就此上前道：『臣看不是这样啊。梁丘据分明是无端夸奖主公，全无根据和由头，这只是谄媚之言罢了。他和你保持一致，你们之间只是「同」，而不是「和」，这岂是和的真意呢？』

齐景公脸上无光，只道：『这有什么分别吗？』

晏婴直言道：『当然不同了，相差远矣！和谐就像做羹汤一般，用水、火、醋、肉酱、盐、梅来烹调鱼肉，先用火烧煮，再由厨师搅拌糅合，使味道适中，淡则加料，浓则加水，如此方能食之味佳。君臣之道也该如此，君主正确的，臣子应极力拥护。君主不对的地方，臣子也该指出来，以正过失。这样，国家才能安定，政事才没有失误。』

齐景公听之茫然，晏婴随即又说：『梁丘据之人，为取主公欢心，不问好坏，只是顺从主公行事出言，对主公没有益处。相反，无端的吹捧却会助长主公的骄傲之心。听他之言，如同在水里加水，又有什么味道呢？这也好比琴瑟，只弹一个声音，没有人会去听它啊。』

齐景公听罢方悟，久思过后，不禁称好。他对众臣说：『早闻晏婴勇气过人，忠义可嘉，今日我终于亲眼见到了。他不怕惹我生怒，敢言人之不敢言，这才是真正的忠臣啊。』

【品读】

名誉的真伪，许多人是懒得分辨的；加之在自己身上的名誉，人们大多喜欢接受。人性的这一弱点，最容易为人所利用而不自知，从而掉入他人的陷阱。特别对有权有势的人来说，由于他们位高权重，人们出于各种目的都会极力恭维他，谄媚者更会花言巧语，大唱赞歌，以此讨其欢心，这就更该引起有权有势者的警惕了。无端吹捧自己的人，不仅人品有疑，而且必有图谋，陶醉其中者只能为他们所驱使。

二、颜率护九鼎

春秋战国时，东周国君王室衰微，国力衰竭，威信降低到几乎跟一个弱小的诸侯国一样的地位，政治、经济完全都依附于几个强大的诸侯国，苟延残喘。战国时的几个强大的诸侯国，兴师征伐的时候从来不向天子请示，但是，他们却都利用周天子的名义，来讨伐弱小的国家，会盟各个诸侯国。

秦国依仗国强势力，出兵东周，动武力强行索要东周国君的国之重器——传国九鼎。九鼎乃是夏禹所铸，象征九州，东周伐殷得九鼎，遂成为周国的传国之宝。至此之时，东周国君将颜率叫了过来，将秦国将要强索九鼎的事情告诉了颜率。

颜率一听，劝告周国国君说，大王不要忧虑，我去齐国，请求齐王，借助齐国的势力以解国家和国君的危难。

颜率出使来到了东边的邻国——齐国，颜率对齐国齐宣王说：『秦国想要动用武力，强抢我们的九鼎。秦国毫无道义，我们的国王经过考虑，认为只有齐国是礼仪之邦，与其让秦国抢去，还不如把镇国之宝九鼎送给齐国。这样，齐国既能获得保护周国的美名，又可以获得九鼎宝物，名利双收，绝对是一件好事呀。我王希望大王能够考虑。』

齐宣王一听，喜出望外，认为这是一桩天大的好事。马上命令大将田忌率领五万大兵，支援东周国抗击秦兵，秦国见齐国出兵，认为来者不善，不宜硬拼，于是只好灰溜溜地收兵回国去了。

秦军退去之后，按照事先的约定，齐宣王向周天子索要镇国之宝九鼎，这时候，周天子又陷入了痛苦之中。

这时候，颜率又来向周天子献计说：『大王不要发愁，我再次出使一趟齐国，一定可以解决问题，保证不会把镇国之宝拱手送给齐国。』

颜率来到齐国，求见齐国齐宣王，颜率对齐国齐宣王说：『仰仗齐国的仁义之师，周天子得以保全，愿履行诺言，献上九鼎国宝。我们君王很关心，想知道，齐国选择哪一条路，将鼎运回齐国？』

齐宣王一听，马上回答说：『我们准备借道魏国，将国宝九鼎运回来！』

颜率听了，马上心生一计，赶紧对齐宣王说：『万万不可！魏国的君臣对九鼎图谋已久，宝鼎如果到了魏国，魏王肯定会生出贪婪之心，宝鼎就运不出不来了！』

齐宣王说：『那就借道楚国吧！』

颜率马上说：『那也不行！楚国早就在谋算我们的国宝九鼎，九鼎入楚，肯定也就出不来了！』

齐宣王一听，顿时也没有了主意，只好问颜率说：『那么，先生你说寡人应该从哪条路走，才能将九鼎运回齐国呢？』

颜率一看，时机到了，就对齐宣王说：『大王，一开始我们就替你担忧，此事真很难办！那宝鼎可不像坛子似的，能揣在怀中就能送到齐国来，也不像鸟儿、骏马，能飞着、跑着来到齐国。想当年，我们周国先君讨伐无道的商朝，得到了九鼎。一鼎九万人挽之，九鼎需要九九八十一万人啊！眼下，虽然说大王您完全有这样雄厚的实力来运鼎，可是，大王您运鼎的队伍从哪里走呢？臣真的很为大王您担忧啊！』颜率说完这番话，将双手一摊，做出一副无计可施的样子站在一旁。

齐宣王一听此言，脸色一变，恼怒地斥责颜率道：『你到我们齐国来了好几次，花言巧语，可是你还是没有把九鼎送给我们呀！』

颜率马上回答：『臣下不敢欺骗齐国国君，只是请您赶快确定搬运九鼎的安全道路，我们周国国君也在等待您迁移宝鼎的命令呢！』说完，就告辞回东周国去了。齐宣王越想越生气，但是也无可奈何，只好不了了之，再也不提索要九鼎的事情了。

【品读】

颜率真是足够狡猾的了，只凭三寸不烂之舌，不仅为周天子保住了九鼎，而且还巧妙地利用了齐宣王对九鼎的贪婪，动用齐国军队退去了秦国的虎狼之师。虽然我们会对颜率这样的谋士感到厌恶，但是，一个谋士能够凭着自己的勇敢和计谋，在国家利益受到严重威胁的时候，为国君解忧，这是仁者的表现；能够化解国家危难，这是忠诚的表现；能够不畏险恶，尽职尽责，这是勇敢的表现，有这三点，足以说明颜率的人格是非常值得钦佩的了。

三、唐雎不辱使命

秦始皇派人对安陵君说：『我要用方圆五百里的土地来交换安陵这个五十里的地方，安陵君一定要答应我！』秦王强硬的态度让安陵君感到非常不安，安陵君说：『大王给我们的恩惠，用大的土地来交换鄙国小的土地，这是非常好的建议，但是，尽管如此，我从先王那里接受了封地，愿意始终守卫它，不敢交换！』

秦王听了，非常不高兴。安陵君怕得罪秦王，所以派唐雎出使到秦国。

秦王对唐雎说：『寡人用方圆五百里的土地来交换安陵这一小块弹丸之地，可是，安陵君却不听从我的安排，这是为什么呢？何况我们秦国灭亡了韩国和魏国，然而安陵君却凭借这区区五十里的土地侥幸地保存下来，这是因为我把安陵君当作忠厚老实的长者，所以不加注意。现在，我宁愿用十倍的土地，让安陵君扩大领土，但是他竟敢违背我的意愿，这难道不是轻视我吗？』

唐雎从容不迫地回答说：『不，不是大王您说的这样，安陵君从先王那里接受了封地并且保卫它，即使是方圆千里的土地也不敢交换，难道仅仅用五百里的土地就能交换吗？』

秦王气势汹汹地对唐雎说：『您也曾听说过天子发怒吧？』

唐雎说：『我从来没有听说过。』

秦王说：『天子发怒，百万人的尸体倒下，血像河流一样流泻千里。』

唐雎说：『大王曾经听说过普通平民发怒吗？』

秦王说：『普通平民发怒，也不过是摘掉帽子赤着脚，用头撞地罢了。』

唐雎说：『这是见识浅薄的人发怒，不是有胆识的人发怒。从前，专诸刺杀吴王僚的时候，彗星的光芒冲击了月亮；聂政刺杀韩傀的时候，一股白色的云气穿过太阳；要离刺杀庆忌的时候，苍鹰突然扑击到宫殿上。这三个人都是出身平民的有胆识的人，心里的怒气还没发作，祸福的征兆就从天上降下来了，现在，专诸、聂政、要离之后，还有我，我将要成为他们中的第四个人了。如果是这样有志气的布衣之人发怒，就要使两个人的尸体倒下，流血只有五步远，但是，全国人民却都要穿孝服，今天就是这样。』唐雎说罢就拔出宝剑，挺身而起。

秦王见了唐雎的气势，态度马上就缓和了下来，长跪着向唐雎道歉说：『先生请坐！为什么要这样呢！我明白了，为什么韩国、魏国灭亡，然而安陵却凭借五十里的土地却幸存下来，只是因为有先生啊。』

【品读】

唐雎是一个有胆有识的谋臣，文中虽然只有他的两段话，却不难看出他对秦王的阴险狡诈是有认识的，如何应付也早已成竹在胸，因此，在这场面对面的交锋中，他不为秦王的谎言所动，也不为他的威胁所屈，始终处于主动的地位。为了掌握斗争的主动权，他有意激怒秦王，进一步揭穿秦王的骗局，表达维护国土的强硬立场。

当秦王恼羞成怒，以『天子之怒，伏尸百万，流血千里』相威胁时，他毫不惊慌，而是以非凡的机锋转问秦王是否听说过『布衣之怒』，再就秦王的答话点出『士之怒』这个要害，然后慷慨陈词，历数专诸、聂政、要离三个刺客，以『怀怒未发，休祲于天』歌颂他们的壮举，在气势上完全压倒了对方。这场斗争表现了唐雎的凛然正气和不畏强暴的布衣精神。

四、少谋的王陵

王陵早年追随汉高祖刘邦东征西讨，十分勇敢。他为人仗义，性喜直言，争强好胜之心从不改变。

王陵的母亲曾被项羽抓为人质，王陵派人去楚军营中探望，他的母亲就私下对来人说：『请转告我儿，不要为我担心，好好地辅佐汉王吧。他样样都好，只是说话无忌，让我放心不下，让他以后慎言，这是我最后的嘱托了。』

王陵的母亲言罢自刎而死，绝了项羽的招降王陵之念。

刘邦深恨雍齿，王陵却因早年和雍齿交好，始终不肯背弃他。一次，刘邦把王陵召来，脸色阴沉地对他说：『雍齿为人卑鄙，行多不检，许多人都唾弃他。你和他并不是同类之人，我真不明白，为何你们能相处呢？』

王陵沉声说：『主公不喜之人，别人就不敢和他交往了。我看不出雍齿有什么不好，再说这也只是我的私事，主公何必干涉呢？』

刘邦心中有气，却也不便发泄，只好挥手让他告退。

王陵亦有怨气，就和好友周勃说了这件事，周勃连叹数声说：『你不该和主公直言呐。主公素恨雍齿，人人皆知，你不避嫌和他交往也就罢了，又怎能说出自己的心里话呢？这件事可大可小，主公一定会记挂在心的。』

王陵不服，仍道：『我忠于主公，从无二心，几句实话他也会放在心上？大丈夫光明磊落，畏首畏尾、口是心非的事不该去做。』

平定天下之后，论功行赏时，刘邦却不肯给王陵厚封，只封他为安国侯。许多人为王陵求情，刘邦却正色说：『行军打仗，王陵功劳不小，可他别的方面就无过人之处了。打江山绝非只知勇猛这么简单，他还有什么委屈的呢？』

王陵心有怨气，直欲找刘邦争辩，他的家人跪地哭劝他说：『你的毛病全在嘴上，到了现在你还想惹祸生事吗？只怕你去理论，我们也和你一样活不成了。』

王陵这才作罢。

刘邦死后，惠帝继位，吕后掌权。王陵任右丞相两年之后，惠帝去世。一日，吕后把王陵和陈平、周勃等人召来，对他们说：『天下太平，吕氏出力甚多。我想让吕氏子弟称王，可以吗？』

陈平、周勃相视一眼，俱不作声，王陵却马上出言说：『先皇曾宰杀白马，歃血订盟，说：「倘非刘氏而立为王，天下人共击之。」先皇遗训如此，不能改变。吕氏立王之说，便不可行了。』

吕后十分不悦，转而问陈平、周勃的意见，他们二人却道：『时势有变，其道自不同了。先皇平定天下，分封刘氏子弟为王，理所应该。如今太后临朝执政，吕氏子弟又有大功于国家，称王自无不可，合当施行。』

吕后笑逐颜开，对他们二人连连夸奖。

事后，王陵指责他们阿谀奉承，背弃先皇，陈平答道：『谏阻无益，强辩自不可取。我们当面谏阻不如你，可日后保全国家，安定刘氏后人，你就不如我们了。』

王陵遂被罢相，十年后病死。而陈平和周勃却保全下来，日后诛杀诸吕，重兴了汉室江山。

【品读】

俗话说，大智若愚，大言若讷。言辞谨慎，不露锋芒，常常是成大事者智慧的显现。浅薄者信口开河，不仅暴露了他们的肤浅，也让人一眼看穿其心意，其架势更讨人生厌。言语作为了解一个人的重要窗口，如果不有所节制，他就毫无秘密可言；言语作为交际的一个重要手段，只有措辞得当，有所保留，才能助事有成，于人无咎。

五、拒谏的赵太后

赵孝成王元年，秦国攻打赵国，连下三座城池。孝成王新立为君，大权掌握在太后手中，她派人向齐国求救，不想齐国却说：『赵太后的小儿子长安君深受太后宠爱，若能以他作为人质来到齐国，我们才相信赵国的诚意。否则，齐国是不会出兵的。』

秦国攻势猛烈，朝廷上下一片慌乱。赵太后虽然心急如焚，但她舍不得长安君为人质，于是坚决拒绝了齐国的要求。

国家危难，大臣们纷纷劝谏太后以大局为重，有的竟长跪不起，哭谏说：『秦兵长驱直入，杀人无数，志在灭赵。如此危急，太后竟置国家于不顾，溺爱长安君，这于国于家都是大不智之举。我等深受国恩，今冒死进谏，恳求太后回心转意。』

赵太后明知理亏，自不愿和大臣争辩。她冷冷地对众臣说：『国有国法，家有家规，我现在执掌朝政，岂能和你们纠缠不休？齐国欺我太甚，我不答应自有道理，这是朝廷大事，还容你们说三道四吗？再有敢谏者，我老太婆一定往他脸上吐唾沫！』

赵太后震怒之下，人人畏惧，只有哀叹。有几个不怕死的大臣还要据理力争，左师触龙拦住了他们，事后又对他们说：『太后控有天下，掌握生杀大权，如今她执意不肯，你们纵是口生莲花又有何用？此事不容鲁莽，还需想个良策才是。』

众臣气极无奈，有的便说：『太后无理至极，我们自是无法说动她了，既然多说无益，我们为什么不能将长安君绑起来送到齐国去，以救国难呢？』

触龙听了这样的议论勃然大怒，他斥责众臣说：『这无疑是犯上作乱，断不可行。如果我们此时糊涂，赵国就真的无药可救了。』

触龙说服了众人隐忍行事，随后他便求见太后。太后猜到了触龙一定是为了长安君的事而来，一脸怒气地等着他。她见触龙慢吞吞地走上前来，口中却说：『臣有脚病，走路也快不了了。很长时间不见太后，真不知太后贵体如何，所以特来向太后问候。』

太后脸色一缓，叹声说：『你如此忠心，真难为你了。我现在也只能靠车辇代步了。』

触龙不入正题，仍是说着闲话。他开口又说：『闲着不活动，对身体并无好处。我坚持走路，每天都走三四里，累了也能吃东西了，身体也有些强健了。』

太后消除了戒心，和他聊了起来。聊着聊着，触龙把话题引到了儿女的事情上，他动情地说：『我老了，可我的儿子舒祺还小，又不成器，这才是最让我担心的。我疼爱他，只好求太后开恩，让他补个黑衣卫士的缺额，保卫王宫，我在这里先谢太后啦。』

太后一笑，马上答应下来。她问舒祺多大年纪，触龙说：『十五岁了，虽然他年纪还小，可我得及早替他谋划。』

太后又笑，再问：『你们男人也疼爱儿子吗？』触龙重声说：『比女人还疼爱啊！』太后不以为然，说：『还是女人爱儿子更深一些。』

触龙趁此说到了长安君，他道：『臣以为，太后疼爱女儿燕后要超过爱长安君很多啊。』

太后否认了触龙的话，触龙又说：『父母爱子女，一定要替他们做长远的打算。当初燕后出嫁，太后哭成泪人。燕后身在异国，太后虽然思念，却日夜祈祷她平安，并不希望燕国把她送回来。太后所思所想，乃是希望她的子孙个个成王，这才是太后的长远打算啊。如今长安君虽然尊贵，太后又不惜重赏厚赐，可一旦太后百年之后，长安君没有大功于国，他那时何以立足呢？太后当趁现在让长安君为国立功啊。太后却是不愿不想，所以我说太后爱他不如燕后了。』

太后沉吟多时，终于答应让长安君去齐国做人质，齐国的援军随后赶到。有人向触龙求教游说的学问，触龙感叹说：『上位者威严所在，下位者若是不极力维护，只能自讨苦吃啊。』

【品读】

精于言辞不是统治者的长项，也不是他们赢取高位的根本。相反，高高在上的领导者纵然口齿伶俐，也不会在言语上与人过多地计较，争个上下高低。在封建专制时代，权力和地位是最有说服力的，也是最有权威的，恃此便足可以让人生畏，使人向他们屈服。如果和人理论，不能以理服人，只会暴露出他们的无知和霸道，这应该是居高位者极力避免的错误。

六、免死的龚遂

西汉的昌邑王刘贺为人奸险，行为不端，屡做恶事。他的手下慑其淫威，少有谏言者，更多的还是极力恭维他，不惜助其为恶，讨其欢喜。龚遂身为刘贺的郎中令，执掌侍卫权柄，他却为刘贺日夜忧心，对其他人的谄媚之举也极为厌恶。

刘贺与仆人吃喝玩乐，整日醉酒高歌，王府难得一日清静。刘贺兴致一来，常常无端重赏那些仆人。龚遂见刘贺胡闹日甚，便联合其他官员想要向刘贺进谏，他对那些官员们反复说：『大王任性放纵，我等听之任之，这是为臣者最大的失职啊。长久下去，不但大王迷途难返，我等也有不测之灾了。』

那些官员冷眼相对，有的说：『大王自有大王的安排，为臣者怎能不安守本分，对大王妄加断言？你危言耸听，就不怕大王先治你的罪吗？』

和龚遂友善的人私下劝他说：『天下是刘氏的天下，为王者嬉戏无度，这也许就是他们应有的快乐吧。

眼下人人心知肚明，之所以无人进谏，不过怕给自己招祸罢了，这也是人之常情啊。』

龚遂见无人应和，心中悲苦。他一人暗自长叹，他的家人就安慰他说：『人人苟安，大人当知这是世事使然啊。谁不攀龙附凤、结交权贵呢？身在官场，任凭大人如何高洁，也得顺应大势，这岂能是因你一人努力而改变的？大人切不要太伤心了。』

第二天，龚遂参见刘贺。此时群臣环绕其身，刘贺正玩着打斗的游戏，兴致正浓。龚遂眉头紧皱，他直上前去，一下跪在刘贺面前，放声便哭。刘贺一惊，群臣更是面面相觑，不知龚遂真意。

刘贺心中生气，厉声道：『你无故哭号，坏我兴致，你当真不怕死吗？』

龚遂双膝跪地向前爬行，抽泣说：『臣死不足惜，容臣将话说完。大王不事正业，游玩无度，上坏朝纲，下毁清誉，如此下去，国之将亡啊。大王高高在上，胆小怕事者不敢直言，别有用心者却怂恿大王以牟取私利。臣不敢言忠，却未忘汉室的天恩，今出言冒犯大王，大王若不纳谏，恳请大王赐我一死。』

刘贺忽发冷笑，说：『你要陷我于不义，这也是忠臣所为？我暂不杀你，却也不能任你以下犯上，不知朝廷礼节。』

刘贺传命责打龚遂，同情龚遂的臣子为他苦苦求情，龚遂这才免受酷刑。事后龚遂对群臣说：『我们共同辅佐大王，可谓和大王连为一体了。大王荣，我们荣；大王衰，我们衰。你们不识大体，只见眼前的一点好处就沾沾自喜，将来的祸事谁会料到呢？』

昭帝去世后，因其无子，昌邑王刘贺得以继承皇位。消息传来，王宫中一片欢腾，人人喜不自禁，唯有龚遂听之一惊，继而忧虑更甚，毫无喜色。有人问他有何心事，龚遂拒不言明，他只跟自己的家人说：『无德者窃居高位，这并不是件好事啊。天子之位尊崇无比，人人注视，似大王这般无德无能、荒唐放纵，纵是恃势而为，又岂能长久？只怕我们做臣子的也要跟他一起遭殃了。』

他的家人没想到他竟有这样的想法，倒吸一口凉气。于是劝他辞官不做，龚遂却无奈地摇头说：『为臣者虽知凶险，又怎能弃大王于不顾？大王身边尽是谄媚之人，有我在，或可让大王有所收敛，消解此难。』

龚遂随刘贺入京，他不时苦劝刘贺，常常跪地不起。刘贺十分讨厌他，再不准他进见，龚遂便上书言事，仍不罢手。昌邑王即位二十七天，终因淫乱放纵被废。昌邑群臣被杀死的有二百多人，他们的罪名便是陷君王于无道。龚遂因争谏不止，忠心可嘉，朝廷特许他免于一死。

【品读】

趋炎附势的人大有人在，与主子讨得一杯羹的心理和打算，使许多人盲目地上了贼船，结果得不偿失，损失惨重。其实，小人的势力是外强中干的，小人的为人和邪恶势力的本质，对任何人来说都是一个陷阱，若心存侥幸并以此为靠山，只能成为他们的帮凶而引火烧身。认识不到这一点，人们就会迷失人生的方向，在人生的关键之处做出错误的抉择，贻误终生。

七、屈死的王章

西汉的王章，向以敢于直言出名，他由此也屡遭陷害。他的妻子怕他惹下大祸，于是劝他说：『你官小人轻，无权无势，眼下最要紧的是保全性命，以为来日除奸之本。你动不动就任性弹劾朝中权贵，明知自寻死路也照做不误，这哪里是智者所为呢？』

王章听了之后非常生气，他反驳说：『奸臣当道，人不敢言，奸者气焰更甚。我虽微不足道，却可振臂一呼，令奸者畏惧。若论生死之道，这哪里是忠臣所考虑的事呢？我是誓死效忠啊。』

汉元帝初年，王章在任左曹中郎将期间，和御史中丞陈咸交好，他们二人联名上书弹劾中书令石显。王章的朋友劝他不要草率行事，他告诫说：『石显受宠，皇上正信任他，弹劾他是没有一点用处的。与其做这些无用之事，不如隐忍不发，以待他日一举扳倒他。否则，不仅你的性命难保，朝廷也失去了制约他的一大力量，这对你和国家都是损失啊。』

王章不听，果然弹劾不成，陈咸减死罪一等，剃发为刑徒，王章也被免官。

王章闲在家中，妻子多有埋怨，王章也稍有悔意，他对妻子说：『我做事莽撞，导致今日之祸，反让奸臣快活逍遥了。』

他的妻子责怪他说：『我们落难困穷，你当觉醒了。权贵不可攀附，也不能随便得罪。现在你不要言事，更不可说半句怨恨权贵的话，也许这样我们以后还有希望。』

王章这样做了，权贵们本想置于他死地，今见他变得乖巧，渐渐再不以他为意，王章平安度过了这段赋闲岁月。

汉成帝即位后，征召王章为谏大夫，升任司隶校尉，后又任命他为京兆尹。风光再来，王章又认真起来，先前的教训全都忘了。他本是大将军王凤荐举复官的，可他却看不惯王凤专权，一心想弹劾他。他的妻子苦劝他不可造次，她说：『你刚脱困穷，就要和大将军作对，这分明是自不量力啊。你无论如何也不是他的对手，为什么要自毁前程呢？我们自保尚不容易，应该事事小心避祸，这样下去还不知结果如何，哪有闲心惹是生非呢？』

王章嘴上答应，却自恃有理有据，仍向皇上秘奏了不可任用王凤的奏章。

王凤是汉成帝的舅舅，汉成帝心知王章之议有理，却不忍心对舅舅下手。王凤听说此事之后，怒气冲冲地对人说：『王章忘恩负义，狼子野心，我有心提拔他，想不到他却暗算于我。我一定要好好惩戒他。』

他命人搜罗王章的『罪状』，只因王章清廉，一时无从罗织罪名。王凤气急败坏，他恶狠狠地对手下人说：『王章十恶不赦，他诬告我，便是大罪一条，怎么能无罪呢？这样的伪君子沽名钓誉，看似正直无私，实则可恶之极啊。』

最后，王章被王凤安上大逆不道的罪名，被捕入狱，他的妻子和孩子也一同株连被捕。在狱中，狱卒对王章百般凌辱，他们对王章说：『你不思报恩，反要诬害大将军，你这样的小人也敢称君子吗？』

王章自知必死，反而坦言道：『我和王凤作对，非是私怨，乃出于公义。只恨我人微职低，不能成事啊。我死无憾，唯王凤专权，危及国家，相信皇上必有悔恨之日，汉室亦危矣。』

不久，王章屈死狱中，他的妻子随后被流放到合浦。

【品读】

人处微贱有许多禁忌，不可不慎。社会的残酷和不公，使社会底层之人更要小心保护自己，自尊自爱。嫌贫爱富的势利小人比比皆是，身处贫困若再没有了骨气和节操，那就更不值一文了，有的只是徒招屈辱。人没有天生的富贵，只要不甘贫穷，不自轻自贱，终有出头之日。保有良好的德行，不失人的尊严，本本分分地生活，是穷困之人的头等大事，它可以让人安身立命，也可以使人待机而动，扭转乾坤。

八、有胆有识的刘平

王莽称帝时，刘平代理苗丘的县长。其时天下将乱，多有盗贼，民多遭殃。

一日，刘平为了招抚县中大盗，决定孤身一人去和大盗谈判，他的属下都力劝不可，刘平说：『你们的好意我心领了，我也知道，此去实有凶险，可不这样做，百姓受苦更深。万一事情有成，百姓受惠，这远比我个人安危更为重要。』

刘平的下属中有一人愿陪刘平前往，刘平见他平日寡言少语，就对他说：『这不是赴宴，难道你真的不怕死吗？』

那下属说：『事不到危急关头，不见勇者风范。我虽不敢自称勇士，却也敬佩大人以书生之身犯险之胆。』

刘平深受震动，感言道：『若无此事，我哪里知道你的勇气呢？险些埋没了一位勇士啊！』

他带着那位下属去见大盗，大盗为其勇气所折服，又为他爱民之心所感动，于是投降了朝廷，苗丘县境一时匪患断绝。

百姓称赞刘平之时，有人问刘平说：『你侥幸成功，以后可要小心了。盗匪穷凶极恶，你不该轻信他们。当初你赴约时，可曾想到会遭难呢？』

刘平平心静气地说：『无谓冒险，我亦不为也。时下暴政民怨，民不聊生，为盗者多是被逼所致。那位大盗我已多作查访，早知其根底。我自信知己知彼，事情有成，绝非侥幸。』

人们就此大悟，对刘平更生敬佩，夸他是真正的勇者，有胆有识。

更始皇帝刘玄在位时，天下大乱，民变四起。刘平携老母逃难，一日竟被盗贼抓住。饥饿的盗贼要把他烹了吃掉，刘平却号啕大哭说：『我为老母挖野菜到此，老母如果没有吃的，一定会死，请让我回去给老母喂食，等我回来，你们再吃我也不迟。』

盗贼见其孝心，就放他回去。刘平待老母吃过野菜，就对母亲说：『天下至此，全是暴君之过，与民何干呢？我已答应盗贼回去就死，不能失去信义，让他们说我欺骗了他们。』

刘平的母亲痛哭失声，骂他说：『你弃母亲于不顾，竟和盗贼妄谈信义，真是不孝迂腐啊。你去而复返，自投死路，天下还有你这样的傻人吗？』

刘平哭着说：『盗贼若无怜爱之心，儿子已然死了。盗贼尚有人情，何况我呢？』

刘平头也没回，径直又来到盗贼那里。盗贼又惊又骇，转而拜服得五体投地，他们相互说：『早听说有英勇之士，却无人得见。今日我们有幸见得这样忠信之人，纵是饿死，也不枉一生了。』

他们向刘平请罪，刘平这才保下命来。

光武帝即位之初，平狄将军庞萌在彭城反叛，进攻郡太守孙萌。此时身为属吏的刘平第一个站出来劝孙萌死守，孙萌十分惊讶，对他说：『大敌当前，人多逃散，想不到你平时默默无言，却有这份胆识和忠心。我待你甚薄，心中愧疚啊。』

叛军攻入，刘平趴在孙萌身上，身中数刀，他仍哭着喊：『太守无罪，我愿代太守一死。』

叛军感念刘平勇敢义气，没有杀他。他们叹服说：『我们自命不凡，和此人相比，实是无地自容了，这才是真正的勇士啊！』

【品读】

说大话的人，并不是真正的勇敢者。他们滔滔不绝，看似无所畏惧，其实这本身便是不慎重的表现，自不能对他们抱以厚望。勇敢者的寡言看似平静，他们的内心深处却无时无刻不蕴藏着一种强大的力量。对一切不轻易小视，对一切细心观察，这不是言语所能做到的。只有这样，他们才能在深思熟虑之后，放手行动，毫无迟疑和怯弱，所做的事情也能获得成功。

九、朱晖的驳议

东汉章帝时，国库空虚，粮食价高，朝廷深以为患。汉章帝为此日夜忧心。

一天，汉章帝收到尚书张林的奏书，读罢精神一振，奏书中说：『粮食所以贵重，以臣看来，只因钱太便宜的缘故。国家因此陷于危困，当从钱上入手解决。以臣愚见，要扭转局面，可以把钱全都封存，弃而不用，代之以布帛作为租税，天下通用。另外，盐为生活必需之物，只要抬高其值，再贵人们也不得不买。如此把盐的出售垄断，相信国库自然殷实。再者出卖珍珠宝贝，可获重利，此项可以通过交趾、益州上计吏的往来而得。』

汉章帝心中赞同，但他还是将此议交与各位尚书讨论。各位尚书揣知皇上心意，虽知此举过于极端，但无人敢谏，只有朱晖力言不可，他对汉章帝说：『朝廷困难，也不该杀鸡取卵，不择手段。自古治天下多艰，此乃常情，若用心对待，自会找出应对之良策，何能行此暴政呢？这样一来，恐怕危难不除，大乱又生，反遭更大的祸患。』

汉章帝心里恐惧，一时也未敢实行，此事暂时搁下。

事后有人劝朱晖说：『皇上偏爱此议，群臣心知肚明，你却谏阻不休，皇上自会不喜。为臣者虽一心为公，可若皇上执意要做，我们能劝阻得了吗？』

朱晖认真回答说：『皇上为国事忧心，自有不智之事。我等若置身事外，凡事顺从，让皇上置身何地？如今国家危难，若无良策进谏，已然有愧，再不敢讲几句真话，真是大失臣职了，这也是国家的大患啊。』

不久，又有人重提张林的建议，力劝汉章帝实行，且说：『国在难处，只要对国家有利的事就要做，自顾不得小节了。眼前的困境不解除，长久的困穷更难以防范。所谓非常之时，当用非常手段，陛下无需犹疑。』

汉章帝受此迷惑，决心下诏实行。朱晖不顾人劝，独自一人上奏反对，他驳斥张林建议荒谬，还明确地指出：『此议不是救国的良方，却是害国的毒药。此议看似为国分忧，实乃乱国之策。自古王朝的制度中，天子是不谈财物有无的，诸侯是不讲财物多少的，有俸禄的人家是不与百姓争夺利益的。如今，此议若是实行，实与商贩的做法没有差别。盐利国家独占，百姓就会困苦不堪。用布帛作为租税，一些官吏就可以从中作奸取利。如此作为，圣明的君主不会为之，国家的现状也不会得到丝毫改善。』

汉章帝十分生气，严词斥责了朱晖。朱晖把自己捆绑起来，自投入狱。三天之后，汉章帝气消，下诏赦免了他。朱晖坚请废除张林的建议，他痛声说：『我已年迈，死不足惜。在我看来，如果能为国尽忠，虽死犹荣。我不肯顺从皇上的旨意，只因事关天下苍生，这就是自古忠臣的道义吧。』

朱晖冒死谏阻，终于打动了汉章帝，他思前想后，还是采纳了朱晖的意见，天下百姓闻之无不欢呼雀跃。

【品读】

人们的思想不同，看待问题的结果自有差异。困境既然无处不在，如果换个角度思考，把它视为乐事从容待之，自然会少了许多烦恼。这不是自我欺骗和麻醉，而是处世哲学中的一大实用方法，也是人生智慧中的闪光之处。只有蔑视和超脱困境的人，才可能真正摆脱困境的束缚，不为困境所困。这种思维的转变，是以不局限于困境为前提的，停止对困境的责难和厌弃，人们才能看清困境的本来面目，找到突破口。

一〇、自取祸殃的苻坚

前秦的苻坚统一北方后，自命不凡，野心暴长。他不顾丞相王猛临终前的劝谏，在朝臣的怂恿下，主张伐晋。

一次，苻坚南游坝上，得意地对群臣说：『朕征讨四方，攻无不取，战无不胜，和古时轩辕黄帝相比，朕亦无愧色。轩辕黄帝力讨叛逆，不管叛逆在何处，他都要亲征剿灭，不敢稍怠，朕也不能罢兵啊。』

太子苻宏小心地劝谏说：『江南地区今年收成颇丰，钱粮十足，晋主深得人心，许多人为他效力。陛下英名尚不为江南民众所服，如若此时出兵，胜算不多。不如加紧练兵，广积粮谷，等到晋国出有暴君，众叛亲离，伐之必胜。』

苻坚颇有不快，他慢声说：『朕有雄兵百万，文武众多，百姓归附，凭此还灭不了晋国吗？只怕出一路兵马，晋国百姓慕朕天威，便要投靠我国，反叛晋国了。朕信心十足，此举定可一统天下，成就千秋霸业。』

大臣道安反对伐晋，听了苻坚的一番狂语，更是以为不妥，他说：『江南百姓只知有晋，陛下纵使百万大军攻之，其心不服，终会拼死抵抗。再说自古交战，当察天时、地利、人和之情，缺一不可，如今陛下自道万事齐备，依臣看来却于实情不符，这样会一错再错。』

话音未落，冠军将军慕容垂高声打断道安的话，指责道安说：『皇上德比黄帝唐尧，功高商汤周武，恩威普及天下，远地异族都慕名来朝，皇上怎会有错呢？你口出不敬，贬损皇上，应该千刀万剐！』

道安猝不及防，未及分辩，慕容垂跨步上前，又对苻坚说：『大秦上应天命，陛下圣武无比，只此一点，便无所抵挡了。《诗经》上说，要想在道边盖房子，七嘴八舌说什么的都有，所以没法盖成。陛下既有英明决策，不该再为小人之言所扰，当马上施行伐晋的计划。』

苻坚非常高兴，连道：『知朕者，看来只有你一个了，这是苍天赐给朕的助手啊。』

苻坚赐给慕容垂五百匹帛，对太子、道安等人却厉声呵斥。慕容垂心中窃喜，他的心腹却在夜里上门拜访，不安地说：『将军身为鲜卑人氏，可曾忘了国仇家恨？苻坚灭我燕国，奴役我族，将军不思复国雪耻，却鼓动他灭晋建功，如此一来，我们还有出头之日吗？』

慕容垂诡诈地一笑，说道：『依你之见，我该如何？』

他的心腹说：『阻其伐晋，一可顺应群臣之心，不树强敌；二可防秦壮大，我等复国无望。』

慕容垂收敛笑容，打断他的话说：『若是这样，当真复国无望了，亏你还自以为计！』接着，他又自得地说：『苻坚自我炫耀，骄纵狂妄，这是他的灭亡之兆，我怎么会不顺势促使他伐晋呢？此人虽然聪明，却喜欢自夸，得意忘形，此乃天助我成功，这个机会可大加利用。他伐晋若成，必国疲民怨，对我起事有利；

倘若伐晋失败，大秦土崩瓦解，对我更是其利无穷，不用多久，我鲜卑人又可扬眉吐气了。』

他的心腹听罢，喜笑颜开，对慕容垂连连谢罪。苻坚倾尽国力，大举攻晋，结果大败而归，死伤无数，不久国灭身亡。慕容垂趁乱自立，建立了后燕。

【品读】

培育声望、树立形象有多种方法，但自吹自擂是绝对没有好结果的。如果不及时悬崖勒马，想要靠自我吹嘘来培育声望，只能是缘木求鱼。谦逊是名望的重要内涵之一，也是赢取名声的一个根本手段，认识不到这一点，只能是愚蠢的见识。那些幻想通过权势、武力、威逼、收买等手段为己立威的人，实际与他们的想法大相径庭，这时候如果身边出现推波助澜的小人，那么，他的处境就离危险更近了。

一一、李勣的深意

李勣在隋末的乱世之时，跟随李密起兵，争夺天下。他谦让多礼，有功不居，替人揽过，李密十分信任他。

起初，李密和李渊表面通好，其实互为对手，钩心斗角。李密四面出击，和隋朝主力决战，李勣就为此谏言说：『主公志在天下，恨不能一日便可得天下，以至用兵颇多，损失严重。现在群雄林立，各怀心事，李渊表面上和主公结盟，实际上按兵不动，盼主公消损兵力，他好坐收渔利。主公时下当缓进兵，以图他日大业。』

李密刚愎自用，自信地说：『乱世争雄，唯能者占有天下。李渊畏惧，可遂我一人独据天下之心。倘若人人奋勇，广占城池，我李密何以立身呢？』

李密急于功成，猛冲猛打，结果他的军力大减，其后又被王世充打败，只好投降了李渊。李勣随李密投到李渊门下，他知李渊虽表面上对李密十分友好，必然心有戒备，并不信任他们。他日夜忧思，一日对其好友说：『我等随主公请降，若不能赢得唐公信任，必无出路。』

好友深有同感，亦道：『主公只知厮杀，不听谏言，致有今日之辱，再难翻身了。我等身为主公之臣，唐公何能相信我们呢？』

李勣至此，叹息说：『主公先前所据郡县地理人口图由我掌管，如今主公既降，当送交唐公了。我想把图先送主公，由主公转交唐公。』

好友又惊又喜。忙道：『此图十分重要，想必唐公朝思暮想。你既有图在手，何不直接交于唐公之手？如此一来，唐公必念你献图有功，大加宠信，此乃天赐良机啊。』

李勣坚持不肯自献，他解释说：『为人臣者，怎能贪占主公的功劳？此图本属主公，自该由主公进献了。』

李勣的家人也不满他的作为，怪他说：『现在人人思图建功，只恨无门，李密已无权无势，自身难保，而你却把这天大的功劳让给他，对你有什么好处呢？』

李勣微微一笑，小心说：『我这样做才有最大的好处啊。我等初降，若是直送此图，唐公必认为我是背主求荣之徒，又焉能重用于我？何况，好处应该让出一些，以增人望，这也是最重要的获益之道啊。』

李勣派人当着李渊的面把图献给李密，且高声说：『主公决心归顺，李勣马上将图送来交于主公。李勣不敢自献，否则就是贪为己功，以邀富贵的小人之辈了。』

李密心头一热，李渊在旁也深为感动，他后来重用李勣，还对人说：『李勣尽忠故主，不贪人功，只有忠臣才可做到。』

李密降唐后心有不甘，不久又反叛李渊，被李渊杀死。李密的故臣人人自危，不敢多言。李勣此时却上书说：『李密不忠，人神共愤，其死乃应得之惩。不过我身为他的旧属，实不忍心让他弃尸荒野。若唐公允我收葬李密，只会增添唐公的高风亮节，彰显唐公的大仁大义，而又可成全我的怀念旧主之心。』

此书上奏，李勣家人惊恐万分，哭声一片，李勣却安慰他们说：『人在难处，方显仁义之德，唐公明理，他怎会怪我好义之心呢？我正因小心行事，才以此举让唐公放心哪。』

李渊见书感慨，愈加把李勣看成是难得的忠臣，他答应了李积的请求，朝野之士也由此敬重李勣，公推他为仁义尽致的君子。

【品读】

利益是人人欲得的，利益的获得也是常由多人努力才完成的。特别是大的利益，更需多方协调，众人同心方能取得。这就要求在利益的分配上要戒除一人独占的私心，不能见利忘义，只取不施。再说事情和运气从来不是一帆风顺的，平日施下的恩惠，总会在危难之际发挥奇效。常言道，居安思危，在利益面前，只有肯于割舍，肯与人分享，才能做到有备无患。

一二、备受信任的虞世南

唐太宗曾赞扬大臣虞世南有五绝：一是品德崇高，二是忠诚正直，三是博学多识，四是文章写得好，五是书法精妙。

虞世南深受唐太宗器重，许多人大为不解，他们找到虞世南，当面讨教说：『你性格刚烈，不善言辞，对皇上多有忤逆，皇上为何喜欢你呢？这让人不可思议，你一定要教教我们。』

虞世南并没有正面回答他们的问题，他只是随口说：『我本无心讨好皇上，凡事凭的是良心和事实，这个很容易做到，只怕你们不屑为之啊。』

唐太宗深爱学习，虞世南在和太宗谈论古今时，并不附和太宗的观点，他以古为例，每次都能让太宗深受启发。一次，唐太宗坚持己见，虞世南百般不肯屈从，唐太宗最后苦笑着说：『人各有见，你为何不能让朕一次呢？』

虞世南红着脸说：『盲目服从，臣就有媚臣之实，这是陛下不愿看到的。正因陛下与臣所见有异，方能研习出史籍真义，否则，臣一味言诺，陛下便不会再与臣谈古论今了。』

唐太宗闻言大笑，快慰地称赞道：『群臣若是都和你一样，天下还有什么值得担忧的事呢？』

一日，天空忽有彗星出现，闪烁不定。人们都以为不吉，没有人敢向唐太宗禀报。百天过后，彗星消失，唐太宗听闻此事，就此问群臣说：『彗星已现，实属反常，其意若何？』

群臣不答，没有人敢说一句劝谏的话。虞世南见众人回避，他思忖片刻，上前回太宗的话说：『齐景公曾问晏婴出现彗星的原因，晏婴便说：「开挖人工湖唯恐其不深，造亭台楼阁唯恐其不高，对百姓实行严刑峻法，唯恐其不重，所以老天让彗星出现示警。」齐景公听了害怕，于是施行仁政，废除弊端，十六天后彗星就消失了。』

唐太宗听了虞世南的话，动容地问：『这么说朕也有失德之处了？』

虞世南高声答道：『陛下能自省，真是天下之福了。自古天子虽贵，可若无德无仁，终为人怨弃。只要政治清明，百姓安康，纵有象征灾异的彗星出现，也不会真的发生变乱。愿陛下不要沾沾自喜，以功劳自居，不求精进，也不要以为天下太平而骄傲懈怠。』

虞世南的直谏，群臣听了都心下一颤，感到十分刺耳。唐太宗却是连连点头，神情肃穆地说：『你说得好啊。朕虽没有齐景公那样的过失，却也自以为夏、商、周三代以来，平定天下的君主没有人能和朕相比。朕二十岁反隋起兵，二十四岁平定天下，不到三十岁就当上了皇帝。一个个强大的敌手都被朕消灭，突厥也臣服在朕的脚下，这的确让朕有些自我陶醉，开始小瞧天下人了。彗星的出现，应该是为此来警告朕的吧。』

唐太宗重赏了虞世南，对其他的臣子却多有批评，他警告说：『朕也有错误的时候，你们若是一味地讨我欢心，以示忠诚，那就大错特错了，这只能误国啊。虞世南和朕若即若离，为国敢谏，不虑私利，这样的臣子才是朕所看重的。你们若再阳奉阴违，只知奉迎，朕绝不轻饶！』

【品读】

在人与人的交往中，特别是上司和下属的交往中，身为弱者或下属的一方，为了赢取对方的好感，总是投入过多的热情和精力，唯恐这样还不能让对方满意。其实，这样做的效果并不突出，有时还会适得其反。要知道，在强者或上司的眼中，歌功颂德者并不罕见，他们总有谄媚之嫌。反倒是和他们保持一定的距离、不卑不亢的人令他们心生敬重。

一三、王维的苦衷

唐代著名诗人王维，年轻时就以诗歌闻名于世。王维自恃才高，对当时盛行的走权贵之门，以求进身的风气极为鄙视，他曾嘲笑那些巴结豪门的士子说：『读书人若是这样求取功名，岂不和小人无异？读书人读圣贤之书，受先哲教诲，怎会干这种无耻的事呢？』

王维不走门路，结果科举落第，反而遭到了许多人的无情嘲弄，有人便劝他说：『你自夸读遍天下诗书，却怎么连人情世故都看不清呢？没有几个自愿去巴结权贵，可世道如此，不去攀附他们就无缘高中，纵有大才又能如何？这也是学问的一种，远比书本上的东西重要，你若在此硬充君子，就休想金榜题名了。』

王维遭此重创，郁闷多日，终有一日，在酒宴后对朋友说：『我年轻无知，虽遍读诗书，重节知义，却一无所用啊。我要一展抱负、取得功名，就一定要做个小人吗？』

朋友打断他的话，摇头说：『小人太难听了，为什么把此事搞得这么复杂呢？你才华盖世，如此为之也是迫于形势，不必责己太过。』

王维诗艺斐然，诗写得好，音乐才能也十分突出，精于弹奏琵琶。他从此出入权贵之家，献诗献艺，皇族中的岐王很欣赏他的才能，又把他引荐给权势炙手可热的太平公主。王维拜见公主时，故意把自己打扮得像个乐师，穿着花花绿绿的衣服，浓妆艳抹。有人责怪他过于下贱，且说：『你们读书人都不知羞耻、自甘堕落了，读书还有什么用？』

王维也不过多争辩，他只无奈地说：『读书人也要穿衣吃饭，别人能这样，为何我们就不可以呢？从前我不知别人的难处横加指责，现在只盼别人了解我的苦衷了。』

王维的演奏引起了公主的注意，她把王维叫到跟前，问他说：『你弹的曲子凄怨哀婉，动人心魄，可有名字吗？』

王维慌忙起身，极尽恭维地回答说：『公主赞言，小人何幸！此曲名为《郁轮袍》。』

公主见他知书达理，回答得体，对他颇有好感。岐王趁势便介绍了王维的诗才，王维也把自己写的诗呈献给公主。

王维此刻心慌气乱，他唯恐公主不喜，一时手足无措。他屏住了呼吸，直待公主叫出好来，他才如释重负。

公主打量了他多时，口道：『你这般高才，也不用太拘礼了。这些诗我儿时便已读过，以为是古人佳作，既是你写的，实在难得。』

公主见他乐师打扮，又一笑说：『文人雅士，不该如此装束，真是难为你了。』

她命王维换上文士衣衫，客席入座。交谈之下，她更觉王维才学过人，不禁多有称赞。岐王又替王维美言，还说：『他志向高远，若是得不到最尊贵的人推荐，高中榜首，他是宁愿不考的。公主既是赏识于他，自当成全他的心愿。』

公主欣然点头。她当即命人把主考官叫来，让宫婢把自己推荐王维的想法告诉主考官，主考官连连应诺。

王维得中状元，私下却稍有喜色，他无奈地说：『不知我者，一定会说我这个状元全凭巧取，我哪里说得清呢？』

【品读】

俗话说，『好人难当』，做君子也是这样。人们对君子的要求甚高，世上的道德规范好像都是为君子定的，稍有差池，便会招来有别于常人的重责。同时，封建专制下的君子即使当上，也不见得有什么好处，相反倒是祸事连连，这更驱使人们有意无意地向小人靠拢了。老实说，天生就是小人的未必有几个，死心塌地甘为小人的也是少数。对君子的苛求和刁难，对君子的不公和责罚，是许多人知难而退、敬而远之的重要原因。

一四、失察的韩愈

韩愈在任职方员外郎时，一次因公外出，路过陕西的华阴县。刚刚下榻在此，忽有人口呼冤枉，坚持要见他。韩愈接见了那人，那人自称是前任县令柳涧的朋友，他是为柳涧来申冤的。

韩愈询问详情，那人便说：『柳涧为人公正无私，多有善举，为当地百姓所称道。只因他不肯贿赂顶头上司刺史大人，刺史大人才视他为奸小，百般为难，还向朝廷弹劾他。』

韩愈听到这里，暗自为柳涧可惜，他于是问道：『柳涧现在何处？他为何不亲自来见本官呢？』

那人哭着说：『柳涧已被贬为房州司马，不在此地了。我是深为柳涧不平，才见大人的。』

韩愈思忖片刻，对他说：『柳涧果有冤屈，本官自会为他主持公道。此事也不能听你一面之词，容我调查此事，再作计议。』

韩愈第二天找到刺史，询问此事，刺史于是说：『柳涧为人善于伪装，当地百姓也被他欺骗了。他根本就不是个好官，贪赃枉法，恶事做尽，为此前任刺史才弹劾他。』

韩愈顿感此事复杂起来，他眉头一皱，遂道：『前任刺史既弹劾柳涧，可有什么真凭实据吗？』

刺史摇头说：『此中细节，下官不知，前任刺史弹劾他后，不待朝廷处置，他自己却被免官了。在他离任之时，柳涧煽动百姓在路上拦截他，逼他偿还已经交纳的供给军用的物品和服劳役的工钱，这明显又是柳涧借此报复他了。下官深恶此人，这才将他贬往房州。』

韩愈暗中调查，但听华阴百姓都说柳涧的好处，有人更赞他说：『柳大人为官清廉，办事公正，是天下最好的官了，说他贪污，说死我也不会相信。一次，柳大人到我们农家巡察，他不仅和我们吃一样的饭，还亲自下田干农活，整整忙活了一天，他也不叫一声累。请问，这样的人还会是贪官吗？』

又有人附和道：『柳县令对我们百姓从不欺压，对官绅子弟也不放纵。城里张员外的公子仗势欺人，柳县令就把他关在大牢里，谁讲情都没有用，柳县令真是个难得的好官。』

韩愈听百姓这样说，对柳涧也充满了同情和敬意。他认定这是两个刺史相互串通处治柳涧，就上书朝廷要求惩治刺史，为柳涧复官，他十分愤怒地说：『君子得不到奖励，小人得不到惩罚，这是人所不平的，也是世乱的祸根。如今百姓公议柳涧是难得的清官，却被两任刺史诬陷为贪官，是非颠倒如此，真是天下的奇冤了，如不及时纠正，天理何在呢？』

朝廷派御史前来复查，令韩愈万想不到的是，柳涧贪赃枉法的证据被一一查实，柳涧的伪装也不攻自破了，韩愈因此被朝廷斥责、贬官。韩愈大感沮丧，几日茶饭不思，他喃喃说：『柳涧的伪装纵是精妙，也终有暴露这一天啊。可惜我不能彻查，轻举妄动，这个教训应当时刻铭记啊。』

【品读】

伪装也是一门学问，并不是人人都能精通的。在小人的见解里，他们十分在意伪装的优劣，无不以骗得了天下人的眼睛为荣。正是因为这个原因，他们深研伪装之道，不惜灭绝人性，以饰其伪。这是由小人的本性所决定的，也是他们深恐自身暴露、招来祸患。小人也知道人们都讨厌他们，倘若装得不像君子，谁还会信任重用他们呢？只是伪装一旦被戳穿露出破绽，小人只能偷鸡不成反蚀米了，这是他们最恐惧的结果。

一五、唐代宗的手腕

唐代宗李豫为帝时，李辅国因拥戴李豫有功，成为大唐以来第一个以宦官身份任宰相的人。李辅国为人奸恶，一居高位，其野蛮的本性便暴露无遗。他欺压百官，狂妄无忌，文臣武将入宫必先向他朝拜，甚至代宗他也不放在眼中，还直言说：『陛下只管在宫中静养，朝廷之事尽听老奴代为处置。』

忠心的大臣不忍见皇上如此屈辱，私下常上谏说：『李辅国日益嚣张，无人能制，陛下若再听之任之，大唐危矣！』

唐代宗每到这时总是放声一笑，说：『李辅国立有大功，虽有些放浪，却也是他不检点所致，有何大害呢？我厌倦政务，有他主理倒教我清闲自在，没什么不妥。』

忠臣忧心，李辅国知道此事后却十分高兴，他对他的死党说：『皇上还算知趣，只要他不和我为难，他就可以安心当他的皇帝了，那有什么不好？』

李辅国越是专横，唐代宗越是对他分外敬重，他尊称李辅国为『尚父』，还多次建议他说：『你劳苦功高，想必门下弟子也是不少，为了彰显你的功德，他们也该重用封赏，这才能让他们感恩于你，更好地帮你做事。』

李辅国求之不得，遂封其同党程元振为左监门卫将军、知内省侍；巫士韩颖，拜为司天监，又兼秘书监；刘恒拜为中书舍人。

唐代宗纵容奸佞，朝中大臣颇有怨言，有人冒死进谏说：『李辅国一人乱政，已是害处昭然，陛下竟坐视其安插党羽，狼狈为奸。让天下人心怀怨恨，长此以往，陛下民心亦失，当无可救了。』

唐代宗看罢奏章，暗自泣泪。他压下此奏，却命人对进谏之人传话说：『你的忠心，皇上都知道了。皇上另有深意，此刻不便言明，只盼你无须谏言。』

原来，唐代宗对李辅国早有铲除之心，只因他势力庞大，所以才暗中隐忍，不敢贸然下手。他表面上迷惑住了李辅国，暗中却时刻找寻能治服他的人选，以便一击而中。

李辅国的同党程元振为人更坏，他一获重权，便想取代李辅国。他密向代宗建议，应削夺他的部分权力，他还自告奋勇地说：『陛下若能相信于我，以我之力，当可令其党徒倒戈相向。李辅国若失援手，自然也就形同孤木，掀不起多大风波了。』

唐代宗见有人倒戈，立时有了主意，他亲自秘召程元振，对他嘉许道：『若能除掉此人，你就是奇功一件，朕必会重重赏你。不过李辅国生性狡猾，党羽众多，你有何把握成事呢？』

程元振重声说：『人们依附于他，不过贪图他能给人带来好处罢了，谁会真心拥护他呢？陛下假我实权，我再以利说劝其党，准保大事可成。』

唐代宗于是提升了程元振的官职，让他和李辅国对抗。程元振马上变脸，四处活动，轻言许诺，李辅国的党羽一时纷纷倒向了程元振这边，形成了新的宦官势力，李辅国被彻底孤立了。

宝应元年六月，唐代宗见时机成熟，遂解除了李辅国行军司马、兵部尚书和闲厩使职务，又任命程元振为行军司马。李辅国无力抗辩，只得请免中书令之职。他还受到了守门小吏的刁难，这使他又气又怒，却又无可奈何，他哀叹说：『我不是败在皇帝的手上，都是那个该死的程元振害我致此！』

【品读】

对付小人的方法之一，便是让他们自相残杀，交恶火拼，从而坐收渔翁之利。小人利用别人，小人自然也会被别人利用，只要激起他们的贪心，小人其实是最好利用的。他们嫉妒心极强，好事又要占尽，唯恐有人抢去他们的风头，如果有一个和他们一样的对手出来，他们之间的争斗便是你死我活。正因如此，有智慧的人往往不直接和小人对抗，而是极力促成小人之间的自相残杀，这样可以一举两得，渔翁得利。

一六、奸诈过人的李林甫

唐玄宗时的宰相李林甫，为相共十九年，至死都受到唐玄宗的宠信。考察李林甫得宠的秘诀，他的奸诈之术和识人之能是不容忽视的。

李林甫在担任刑部侍郎时，他见玄宗特别宠幸武惠妃，便通过宦官向武惠妃表示，愿意协助武惠妃之子寿王当上皇太子。李林甫的密友源絜对此不解，他对李林甫劝告说：『你太没有远见了，我知道你是想讨好武惠妃，可这么一来，你却得罪了皇太子，岂不得不偿失？有朝一日皇太子即位，第一个要杀的就是你啊。』

李林甫蔑然地一笑，冷静地分析说：『皇太子为人忠厚，皇上又不喜欢他，再加上朝中大臣意见不一，我料定他前程凶险。与其取悦这样一个无用之人，还不如另寻他路，作为日后的依靠。』

源絮摇头，难以置信地说：『此乃国家大事，哪是你我所能测度的？你要知道这事关重大，走错了一步便悔之晚矣，不可不慎啊。』

李林甫认定自己的猜测没有错，他连番多次向武惠妃进言。武惠妃当时正愁无人帮助自己，李林甫的毛遂自荐让她心花怒放，她兴奋地对身边人说：『天下能知我心意的人，除了李林甫，还会有别人吗？这个人有如此之能，绝非简单人物，我该扶植他，好为我所用啊。』

武惠妃对李林甫心存感激，于是多次向玄宗皇帝推荐李林甫。不久，李林甫便升迁为礼部尚书，后来终于做了宰相。

李林甫当了宰相之后，便把全部心思用在玄宗皇帝之上。一次李林甫退朝之后闷闷不乐，源絮陪他饮酒时有意询问，李林甫便把心里的苦恼说了出来，他说：『张九龄经常故意与我作对，这总不是一件好事，也许皇上会因此而疏远我。』

源絮谄媚地献计说：『大人料事如神，又怎会束手无策呢？以我愚见，大人如今有财有势，完全有实力和他真刀真枪地干了，不必如此费心。』

李林甫斜视了他一眼，说道：『你了解张九龄这个人吗？他素有忠正之名，朝野皆知，皇上正是看中了这一点，方让他高居相位。我若和他水火不容，皇上和群臣一定会说我心胸狭窄，不能容人。和他斗，吃亏的只能是我自己，这只能让张九龄捡到便宜，我怎会这样做呢？』

玄宗一次要给朔方节度使牛仙客实封，听闻这个消息，张九龄对李林甫说：『只有为朝廷立过大功的名臣才能有此封赏，牛仙客平庸无奇，一个边关将领而已，根本无此资格，我要据理力争。』

李林甫听了张九龄的话，不仅心头一亮，便积极鼓动张九龄速奏此议，他故作气愤之状说：『大人所言极是，如果此风日长，岂不坏了朝廷制度？』

张九龄见他没有异议，信心又增加了不少，他拍着李林甫的肩膀说：『我们同为宰相，为国分忧，为皇上尽忠，关键只要同心同德。你能有此高见，我还担心什么呢？』

他们一同面见玄宗皇帝，张九龄引经据典，力谏不可；李林甫却冷眼旁观，不发一言。事后，李林甫还对群臣散布说：『张九龄也管得太多了，皇上行事自有道理，有什么不可以的？我真为皇上感到不公啊，张九龄莫非也想当皇上不成？』

此言传到玄宗的耳朵里，玄宗更恨张九龄的直言上谏了。他恨恨地道：『张九龄说三道四，朕一忍再忍，谁知还是李林甫深知我心。这个张九龄，他到底想要干什么呢？』

【品读】

一个人的地位高低、命运好坏，总有他内在的原因，其中，识人的本领是至关重要的。在错综复杂、陷阱遍布的社会里，如果认不清好人坏人，甚至把坏人误认为亲人，那么一切祸患便由此而生了。如果深刻地认识到坏人的本质，并对他们加以防范，慎重对待小人的种种骗人伎俩，个个击破，就不会被他们的假面所蒙蔽。

一七、褚遂良的解答

唐太宗时，褚遂良身为谏议大夫，兼任记『起居注』，记载唐太宗每天做的事情。他凡事用心，绝无疏漏，无论好坏都直言无忌，秉笔直书。

一次，唐太宗对褚遂良说：『你记的「起居注」，朕想看看，你快拿出来吧。』

褚遂良站立不动，后说：『古代的左史、右史记载君主的言行，好坏皆记，并不为君主的意念所左右。这是史官的职责所在，用来警戒君主不做非法的事。陛下还是不看为好，臣从未听说天子看自己的史官是如何记载历史的。』

面对褚遂良的拒绝，唐太宗虽大感意外，却没有责备。他对褚遂良心生敬意，又故意询问他说：『如果朕做了不好的事，你一定要如实记下吗？』

褚遂良重重点头，说：『这是自然了，否则就是臣的失职。』

唐太宗微微一笑，再道：『普通人尚且不宣小恶，何况君主呢？如朕命你不记某事，你可愿意听从？』

面对唐太宗的逼视，褚遂良毫不怯弱，他说：『忠臣犯颜直谏，并不顺从君主的性情。史官直书其过，意在让君主知错能改。这都是不让君主的过失任其发展啊，否则事情到了不可收拾的地步，劝谏和直书又有什么用呢？小的毛病不纠正，大的失败就孕育在其中；如不阻止，坏的结果就潜藏在里面。为臣者不能为天子着想，只思保身邀宠，就是陷君王于不义，臣不敢这样做。』

唐太宗笑着夸奖他忠心可嘉，又颇为自信地说：『朕以史为鉴，自省自励，广纳谏言，只要朕无缺失，史官要记下朕不好的事也就无从下笔，朕何必担心呢？』

唐太宗宠爱魏王李泰，为此他特命李泰的礼节等级和太子一样，以示其宠。褚遂良为此寻机进谏，他对友人说：『朝廷礼制不可因人而废，否则祸不可免。太子尊贵，魏王自不能与之相比，皇上因厚爱魏王乱了礼制，这样下去人们就会妄加猜测圣意。』

友人怪他小题大做，还推测说：『皇上关爱魏王，这只是皇上的私事罢了，你何必危言耸听呢？皇上是一代明君，说不定有了改立太子之意，你若贸然上谏，岂不得罪魏王，让皇上不快？』

褚遂良听了这话，忧心说：『若真如此，我更要劝谏皇上了，古时祸事常因小节引发，皇上若态度不明，只凭好恶轻言废立，只怕从前故事又要重演。』

他直见唐太宗，据理力争，终使唐太宗减免了魏王的礼节等级，在名分上没有逾越失当之处。

当时，皇子们年纪不大，却担当各地的都督和刺史之职，褚遂良认为不妥，他向唐太宗坦诚说：『陛下厚爱皇子，自是唯恐他们有所不周。陛下的关爱不能有碍其成长，这就需要陛下还应把未成年的皇子留在身边，时时教导才是。皇子如今不能任事，离开宫中若失于培养，其性一成便难以纠正了，请陛下明察。』

他以东汉史事为例，一一详加解析，唐太宗最后采纳了他的意见。

褚遂良学问精深，见解深刻，唐太宗若有疑难，多次向他征询。一次，唐太宗有惑不解，问他说：『舜制作漆器，禹雕刻俎版，这点小事却招来十多人劝谏阻止，为什么呢？』

褚遂良解答说：『从事雕琢就要损害种田，从事编织、刺绣就会妨碍纺纱织布，奢靡风气便由此而起了。

如果制作漆器不停止，随之而来的一定是要求金器，金器不停止，就必定要用玉了。人们规劝舜禹，是在堵塞国家危亡的本源，绝不是一件小事啊！』

【品读】

人的嗜好一旦形成，便很难改变。为了满足这种心性使然的习惯，许多人不由自主地犯下种种错误，也令小人有了可乘之机，借此巧加利用。一个人的嗜好反映了他的情趣，而不良嗜好却常把人导向堕落，这是不能不提高警惕的。一些人正是轻视了此节，不以为然，不能防微杜渐，整个人就彻底地改变了。一旦有了不好的苗头，及早根除，心魔便不会任其发展，也不能因此伤身害命了。

一八、善断的裴度

唐宪宗时，朝廷大军屡次征讨蔡州叛将吴元济，一无所获，朝臣纷纷上书请求停止讨伐。身为宰相的裴度与众不同，他在给宪宗的上书中说：『我军屡败，人言我朝身陷困境，应当停止，岂不知叛军也到了末日？蔡州反叛朝廷多时，如不除去，终是心腹之患。我朝讨贼名正言顺，除逆顺应民心，虽败不失正义之名，这都是我朝终胜的根基。如今即使艰难，也不该有始无终，半途而废。而叛军犯上作乱，纵然侥幸得胜，也是强弩之末，何况他们恃此而骄，不思悔改，反而一味进攻，放纵与朝廷作对，这都是他们愚顽之故，是一定会走向灭亡的。叛军已失根本，我军失败只是将领不当，如换人换将，战之必胜。』

唐宪宗召见裴度，动情地说：『听卿一言，朕方有振作之心。如卿所料，朕当派何人讨伐？』

裴度自请带兵，唐宪宗感念其忠，一口答应。有人为裴度担忧，对他说：『行军打仗，危不可测，从前无人能胜，你何必自找麻烦？』

裴度从容说：『当进则进，当止则止，如我见有失，自怪不得别人了。』

他坚信自己的判断，又要求宪宗取消了宦官监军，结果在他的指挥下，不久就活捉了蔡州叛首吴元济，消灭了叛军。

吴元济统治蔡州时，禁止人们在街上交谈，禁止百姓夜间点灯，人们互赠酒食，还要按军法处置。裴度进驻蔡州后，将这些法令全然废除，人们欢声雷动。

让人意想不到的是，裴度竟用蔡州兵作自己的侍从。有人担心他的安危，向他反复陈述说：『蔡州乃虎狼之地，刚刚平定，人心未必真心驯服。大人先废法令，后用降人，这些举措虽是义举，但蔡州人不一定领情。如果大人因此遭人暗算，纵敌为祸，岂不得不偿失？大人还是收回成命的好。』

裴度谢过好意，却说：『我军深入敌境，虽是胜利之师，却无时无刻不在危险之中。此时所求，莫过于收回民心啊。吴元济严法无情，废其法令刻不容缓，纵然有些冒险也是大势所趋，不可停止啊。至于蔡州旧部，唯有诚心感召，方能服众，虽有奇险，亦不能不为。我只担心我军胜之有骄，恃强凌弱，这是无论如何不能纵容的。』

裴度此言，蔡州人听说后感动得哭了，于是真心归从朝廷，没有发生大的祸乱。

唐宪宗派梁守谦来到蔡州，赐给裴度两把宝剑，让裴度把俘获的叛军将领全部诛杀。梁守谦传达旨意，还对裴度说：『大人虽为国平叛，却也难保这些叛将不心怀仇恨，将他们杀光，大人也可高枕无忧了，皇上必会嘉许大人。』

裴度极力反对说：『战事已平，杀戮自该停止。人命关天，岂能不问轻重一律杀死？我担心这样一来，不仅于事无益，反而增添祸患，此事决不可行。』

他坚持不肯，梁守谦高声说：『抗旨不遵，大人可知后果如何？大人的大功不可因此尽弃啊。』

裴度上书宪宗，力言不杀的理由，最后，他动情地说：『陛下若背上了滥杀之名，相信天下藩镇就有了抗拒朝廷的口实，到时臣纵然苦战，又何以平叛呢？此事关及国本，万不可弃，尤当停止，陛下万不可意气用事……』

在裴度的极力谏言下，很多人保全了性命，唐宪宗也避免了一次大的失误。

【品读】

身陷困境，保存实力比任何时候都显得更加重要，只有这样，才会留下日后翻身的资本，以待来日。许多急躁冒进的人不知此理，他们徒逞『困兽犹斗』之能，结果将最后的希望一齐葬送，成为彻底的输家。本来世事是无常的，人有得意的时候，也有倒霉的时候，用不着太多的失落和绝望。一个人智慧的高低，往往表现在他对事态发展的洞察上。

一九、刘曼的轻信

刘曼是五代时期北汉高祖刘知远的同母弟弟，隐帝刘承佑在位期间，他官至中书令，权势十分显赫。隐帝年幼，朝中枢密使郭威掌有军权，和刘曼素有隔阂。刘曼对郭威心存顾忌，时刻加以防范。

一天，刘曼和郭威因小事发生冲突，心中十分气愤，他对自己的心腹判官郑琪说：『皇上幼小，大臣权重，郭威又一向与我不和，我该如何是好？』

郑琪献计说：『大人身为皇亲，又是重臣，不该向郭威示弱啊。郭威功高盖主，尾大不掉，我想他定有反心，大人应该设法将他除掉。』

刘曼脸上忧虑，长叹说：『郭威屡平叛乱，为朝廷立有大功，我朝倚仗他的实在不少，若贸然除掉他，只怕会让敌国欢心。』

郑琪摇头说：『大人心存不忍，必有后患。时下大人势力正旺，若不当机立断，一旦势不在我，郭威的野心就得逞了。对这样的小人不及早下手，难道大人忍心看到国破家亡吗？』

刘曼脸色立变，郑琪见刘曼动怒，只好闭口不言。

郭威表面上虽然和刘曼屡生冲突，心底还是对他怀有畏惧。他对自己的家人袒露过这个秘密，他的家人劝他说：『大人权高招忌，何不和刘曼略作交结，以避其锋？』

郭威苦笑道：『刘曼外刚内弱，犹疑不决，我若不和他碰撞，反是让他少了顾虑，决心对付我了。一旦我势不可敌，他当是我第一个要除去的敌手，你们切记，千万不要在大事上让他们抓住把柄，眼下只能和他虚与委蛇。』

刘曼和郭威斗智斗力，郑琪深为刘曼担心。一次他又向刘曼出主意说：『大人根基乃在晋阳，晋阳地形险固，赋税丰盈，若大人以晋阳为本，广招军卒，若有变故也可自保。』

刘曼起初不肯，郑琪苦劝之下，他才依计而行，在晋阳招兵买马。隐帝被部下杀死后，北汉大乱，郭威带兵平定叛乱，有人便建议郭威废汉自立，郭威早有此意，此刻他却对自己的家人说：『刘曼在晋阳拥有重兵，人心未定，我要有所安抚啊。此时还不是称帝的时候，别人怎么会料到其中原故？』

郭威强压野心，他提议立刘曼的儿子刘赟为北汉的皇帝。刘曼惊喜之下，竟轻信了郭威的这一缓兵之计，他对自己的部下说：『我儿子要做皇帝了，我还担心什么呢？只此一节，可见郭威忠心耿耿，我从前一定是误会他了。』

刘曼主张解散军队，派人入京，忠于刘曼的属下纷纷进言，劝其慎重，他们说：『郭威所忌者，乃是大人的兵势强盛，所以他才施出骗人的手段。大人不及深察，信以为真，自毁其势，岂不上了郭威的大当？』

刘曼自信判断无误，他得意地说：『郭威虽然桀骜不驯，却也不敢冒天下之大不韪，你们不要胡乱猜疑了。俗话说机不可失，若是误了我儿的登基，我岂不是成了千古罪人？到时就悔之不及了。』

为表诚信，刘曼坚持解除了军队，派使者入京。郭威又愚弄刘曼的使者说：『我脖子上刺有飞鸟的图案，人称郭雀，哪能比得上刺有青纹的人能当天子呢？我一心保卫君王，决无二心。』

使者回来向刘曼报告了郭威的这番话，刘曼更加放心了。不久，太原少尹李骧又力劝刘曼说：『郭威阴谋日显，大人当有防范。以郭威的为人，他是决不会甘心为臣的。大人当控制孟津要地，伺机动作，方可应变啊。』

刘曼脸色难看，最后竟破口大骂，说李骧挑拨离间，居心险恶。他令左右拉他出去斩首，李骧临刑前叹息说：『为愚人谋划，是我的罪过，我真是该死啊！』

刘曼又杀了李骧的妻子，还把此举向朝廷说明，让郭威知晓自己的心意。郭威见刘曼解除武装，就不以刘曼为患，然后自建周朝，自己当了皇帝。刘曼这时才醒悟过来，却已无力回天了。

【品读】

权势和威仪是要因人而用的。那种不分对象，只知以势对人的人，只会让他的权势和威仪有损。君子高风亮节，不媚权贵，天生的傲骨和人格的正直决定了他们不会像小人那样，在势力面前低头。同样，小人的卑劣和无耻也是仁德所难以感化的，这个本性便要求人们对他们不能抱有幻想，只能以势打压。这也说明，在用势上的进退和取舍不能千篇一律，因人而异、适时而动，当是最好的选择。

二〇、令人叹服的范质

范质是北宋初年的宰相，他去世后，宋太祖赵匡胤对身边的大臣说：『范质德高无私，仅有住宅，不积置财物，是真正的宰相啊。』宋太宗赵光义也评价他说：『在宰相中能遵循法度，对名法慎重，保持廉洁品格的，没有人能超过范质。』

范质自幼聪明好学，九岁就会写文章，十三岁就研习《尚书》，他于后唐长兴四年（933年）考中进士，不久就被提拔为封丘县令。

上任伊始，范质不行威仪，而是对人谦和，多方讨教。他还深入乡间，有时竟和农夫坐在田陇上闲谈，毫无县令的官威。他的属下于是提醒他说：『民不畏官，则官威尽失，民不可治了。大人这般做法，有何益处呢？』

范质斥责他们说：『治民之道，重在教化。教化之道，首当令其对官无有戒心。为官倘若只知妄下命令，又何以服人呢？』

有人讥笑范质不懂为官之道，于是多方排挤他。范质看在眼里，所行并不稍改，上司派人几次调查范质的一些所谓『劣迹』，结果都因百姓称赞，政绩卓然，让别人的诬告全然落空了。

范质后来入朝为官，仍是诲人不倦，待人谦逊，从不自高自大。他的朋友见他不置田产，坚守清贫，不解地问他：『权势在手，当兴家置业，光宗耀祖，否则，权势岂不成了无用之物？你整天读书，劳神费力，真是枉为高官啊。』

范质回答说：『仗势行私，巧取豪夺，这不是读书人应该干的事啊。目光短浅的人借此放纵暴敛，到头来，害人害己，哪里是永久之道？我志在为国尽力，修身修德，不勤加学习，日后怎能担起重任？』

周世宗第一次征伐淮南，范质力劝周世宗不要前去扬州。当时范质为周世宗的老师，周世宗见他哭谏，只好答应他了。第二次周世宗率军欲进扬州，大臣窦仪劝谏不可，周世宗便勃然大怒，想要杀他泄恨。群臣见皇上决心已定，无人敢谏。范质欲要进言，他的朋友都阻止他说：『窦仪和你并无深交，若因为他求情得罪了皇上，太不值得了。我们的权势都得来不易，此祸避之不及，不要自找麻烦了。』

说这种话的人多了，范质深以为忧，他痛声说：『身为臣下，眼见君主有失而无人敢谏，亡国之兆啊。权势在我为大，可一旦国之不存，我们的权势又在哪里呢？做人不能违背良心正义，你们的说法我不敢苟同。』

他冒死苦谏，痛哭流涕，周世宗最后终于赦免了窦仪。

范质在宋为相时，宋太祖十分信任他，对他的谏言听计从。有人多次对宋太祖打小报告说：『范质为前朝高官，未必真心归附我朝。他常常卖弄恩情，不惜牺牲朝廷利益，当是别有所图了。』

宋太祖初有疑心，后来单独召见范质，和他谈论国事家事，范质针对时弊，多有独到见解，毫不保留。

事后，范质还上书宋太祖说：『人们唯恐自己的权势不高，所以才千方百计地讨取陛下的欢心，说陛下爱听的话，办陛下想办的事。这对己看似有利的事，其实害了国家；一旦陛下猛醒，必会降罪于他，这也是他们的取祸之道。臣只知国家大义，凡事直言无忌，若为此惹上祸端，也只是我一个人的损失，不负陛下的知遇之恩。』

宋太祖看罢唏嘘，动情地对身边人道：『如此忠臣，我竟险些错怪了他，可见忠臣实在难做啊。他的见识远逾常人，难怪他有君子之行了。』

【品读】

势力的内涵是广泛的，对势力的不同认识直接左右着一个人的行事方法和人生轨迹。品德低下、投机钻营的人会把权势当作他们捞取好处、颐指气使的资本，一旦窃据，便恃之为己谋利，飞扬跋扈，不可一世，其下场也就注定了不会有善终。君子以德服人，他们的义举和善行深得人心，这才是『势力』的真正含义，也是人们所能永久依靠的力量。

二一、据实相告的鲁宗道

宋真宗时，鲁宗道身为太子的老师，时刻以仁德无欺、勤政爱民来教育太子。一次，太子问他说：『自古朝堂仁义有失，欺瞒盛行，莫非这都是失之教化之故？人们既知仁德的珍贵，为何又少有践行呢？』

鲁宗道一脸严肃地告诫太子说：『俗人见利忘义，虽知书却忘却礼仪，这是他们不能以德修身的缘故啊，要想真正有所作为，就不该学他们那样。目标远大，仁德恒有，是古来君子的立身之本，他们不为俗利所惑，所以超群出众，其名不朽。』

鲁宗道家住京城东门外，他常去邻近的一家酒馆喝酒。一天，他在酒馆之时，不想宋真宗有事派太监找他。太监在他家等了很久，鲁宗道回来自责不已，急忙换上官服，随太监进宫。太监见鲁宗道一路惶急之状，便有心难为他说：『你此时面见皇上，皇上必然怪你姗姗来迟，你如何解释呢？』

鲁宗道摇头叹道：『是我不好，我自请皇上责罚。』

太监心知鲁宗道的为人，对他素有敬佩，他见鲁宗道这样难过，于是开口劝他说：『事情突然，皇上也未必会怪罪你的。为了不致受罚，你还是说点谎话吧，此事你知我知，我为你保密便是。』

鲁宗道停下脚步，一脸的不高兴，他对太监说：『为人当以诚信为本，为臣当以忠直为要，我身为太子之师，若为免罪欺君，岂不罪上加罪？此事我想都不敢想，你为何要害我呢？』

太监认为他误解了自己的好意，接着马上低声说：『你喝酒误事，这个罪名已然犯下，只有闭口不说才能无事。我这是为你着想，岂有害你之意？』

鲁宗道口气稍缓，他训诫太监说：『你以为自欺欺人会有许多好处，其实不然。自欺者良心有失，日夜不安，被欺者终有察觉之日，到头来吃大亏的还是自己。凡事不要心存侥幸，一旦有了欺人的想法，错误就会越犯越大。』

见了宋真宗，鲁宗道先是请罪，后将实情一一相告，没有丝毫隐瞒。宋真宗默默听之，脸色渐渐缓和下来，他又问他说：『身为朝廷大臣，不该去私家酒馆饮酒误事，你一向自律严谨，为何犯下此过？』

鲁宗道老实说：『臣贫寒，家中没有器皿，而那酒馆价廉物美，百物齐备，足以常去。今日又恰巧有远方亲戚造访，臣就请他喝了几杯。』经过此事，宋真宗见识了鲁宗道的忠实耿直，不禁感叹他的君子之风。他不仅没有降罪于他，却认为鲁宗道正可做太子的师表，对他给予了极大的信任。

【品读】

仁德的人遵礼守节，却往往为此吃亏上当，蒙受损失。这种现象许多人抱怨不止，而仁德的人却不因此有所改变。好人难做，方能显出好人的可贵，而好人的信念是不能因得失轻易动摇的。不欺骗自己的思想，有时是件很难的事，人会有各种理由和借口让自己口不对心，言不由衷。这样做平常人习以为常，不以为患，而在仁德的人看来，这却是人格最大的缺失，一定要引以为戒。

二二、司马光的预见

司马光是一位博学多识、极有远见的人。他在朝为官之时，纪律松弛，朝政败坏。西夏派使臣祭祀先帝，延州指挥使高宜陪行其间，竟自恃己能，对使臣傲慢无礼，还侮辱西夏的君主。西夏使臣到朝廷控告高宜无礼，司马光就此请求皇上严惩高宜，并说：『西夏虎视眈眈，我军在西北又兵力微弱，如今高宜虚张声势，轻启事端，一旦开战，我军势必遭受损失，于国不利。似高宜这样的莽汉不知大局，混沌无知，陛下当治他祸国之罪，以警世人。』

皇上不以为然，且赞扬了高宜，说他为宋立威。司马光心似火焚，又上奏说：『高宜貌似为国，实则愚蠢至极。他蔑视使臣，一则无理，二则授人以柄，三则坏我大宋名望，如此小人焉能有功呢？如陛下不加惩戒，此风一开，人多效仿，必招至西夏犯边之祸。』

皇上不听。第二年，西夏人以此为由，大举进兵，官军死伤众多，百姓深受其苦。

赵滋是雄州的长官，雄州和契丹接壤，为边防重地。赵滋以天朝大国自居，对契丹的态度十分蛮横，他常口出狂言，挑起多起事端，河北一带百姓受害颇多。

司马光为此又弹劾赵滋，他上书说：『人处孤弱，当慎言少狂，以免遭祸。国力未盛，当少言多虑，以去逞能之灾。现在许多官员自高自大，以招惹事端为能，这是自辱之道啊。赵滋之流再不惩处，国无宁日，其殃在后。』

直谏无果，司马光的好友劝他不要自找麻烦，他说：『皇上向来自视甚高，不屑戎夷，皇上不肯惩处赵滋等人，是因皇上也是此意。你言我朝孤弱，皇上哪里喜欢听呢？一旦皇上失去耐性，岂不拿你出气？』

司马光苦苦叹息，他痛心地说：『自欺欺人，逞强显能，因此招来的祸患早该中止了。我屡屡上谏，难道是为了自取祸端吗？』

后来皇上下令在陕西招募二十万义勇，以抗西夏。司马光又上谏不可，他指出说：『仓促征兵，百姓惊恐不说，西夏也必极力戒备，以牙还牙。此事应暗中缓行，严加训练，否则纵使人数凑齐，他们不能打仗应敌，人数再多又有何用呢？』

谏言无声，大臣韩琦也不同意司马光的见解，他分辩说：『先声夺人的威力是不能低估的，西夏听闻我增兵二十万，必定恐惧，还敢横行无忌地扰我大宋吗？』

司马光耐心说：『打仗重在实力，先声夺人也要以实力为后盾，否则只能骗人于一时。我军虽增，却毫无战斗力，无疑，这样的真情一旦被西夏人知道。他们能征惯战，强悍无比，自然不会把乌合之众放在心上的。』

韩琦摇头不信，司马光也懒于再言。后来宋军和西夏兵交战，一触即溃，西夏侵犯宋境的事有增无减，一如司马光所预见。至此，韩琦心悦诚服地说：『国有贤人，变乱不生。朝廷若是采纳司马光的谏言，刀兵之祸就不会愈演愈烈了。』

【品读】

自尊心和好面子的心理，常常使人说出言不由衷的话来。特别是身处下风的人，一旦失去冷静和克制，不该说的便会毫不顾忌地说出来，但是，说话的时候却没有想到，他将要为此付出沉重的代价。勉强说出的东西多是不实之词，对己造成的压力和对别人造成的伤害都是不能收回的，若是想凭大话吓人，为自己脸上贴金，只能适得其反。

二三、引而不发的安端

辽太祖耶律阿保机死后，太子耶律倍虽有继承皇帝位的名分，但得不到母后述律平的宠信，述律平意欲让她偏爱的次子耶律德光继承皇位。

安端身为皇族宗亲，他早对太子耶律倍极力巴结，一想多年的苦心，会因述律平专权改立耶律德光为帝全然废弃，他禁不住对皇太后述律平充满了仇恨。

安端昔日曾追随刺葛谋反，为人阴险恶毒，阿保机念及兄弟之情让他戴罪立功，他这会儿虽是恼恨不已，却也比往日多了不少的冷静，他对自己的兄弟们说：『皇太后大权在握，她又是十分聪慧的人物，我们不能逆转乾坤，只能隐忍以待时日了。切记，你们千万不要轻举妄动。』

安端的二哥说：『我们拥立皇太子，名正言顺，何况群臣多是皇太子的人，我们还怕什么呢？俗话说不冒奇险，无有奇获，只要我们运筹得当，奇计迭出，胜算还是很多的。』

安端的五弟也附和说：『此时不争，来日只怕就无此机遇，说什么也不能就此罢手。』

安端狡黠多端，他对自己的兄弟说：『眼下非常之时，能者死，弱者存，我们怎么敢卖弄聪明？我们既有此心，何不留待他日，非要做此亡命之事呢？』

安端的二哥、五弟不听其言，仍屡屡谏言立皇太子耶律倍继位，结果他们都不明不白地先后死去。安端心知利害，他装得十分哀苦的样子安葬完二哥和五弟之后，又上奏书请立耶律德光为帝，他在奏书上说：『臣以为皇太子耶律倍为人不贤，不堪大任，为了国家大计，纵是皇太子之尊又算得了什么呢？臣不知先皇为何不立耶律德光为皇太子，但臣知道，历来的贤人都有被埋没的时候，臣恳请改立贤人，以究先皇之失。』

皇太后述律平本来对安端放心不下，有心杀他，可一见他的奏书，述律平却是笑了，她对耶律德光说：『这个家伙倒也乖巧，不过有他带头说话，咱们做起事来却是少了不小的麻烦。』

述律平召见安端，嘉许过后，她忽脸色一变，重声说：『你好大的胆子，竟然指责先皇有失，你知罪吗？』

安端不惊不乱地道：『我有何罪？先皇不立耶律德光，本是不对，其实人人都有此念，只是我把此话挑明说出罢了，这也有罪吗？若说真话有罪，以后谁还敢讲真话呢？』

述律平只是试探安端的真伪而已，并不真心想惩罚他。待见安端说得真诚，一副傻头傻脑的样子，她忍不住忽然一笑，道：『你忠心为国，话虽有失，我也不跟你计较了。你的建议甚好，相信别人听了你的话也会知错了。』

耶律德光继位之后，安端表现得极为忠顺，他整日装得胸无大志的样子，只是饮酒作乐。有人将安端的昏庸报知给述律平，述律平每次都不怒反喜，对他的戒心一天天淡化。

安端苦熬多年，完全取得了述律平母子的信任。他追随耶律德光灭了后晋，在被迫班师回朝之际，安端趁耶律德光病倒之际，他这才发难。他悄悄去见随军的耶律倍之子兀欲，挑唆他趁机自立为帝，他说：『孙儿，你忘了你父亲无端被废的事吗？帝位本是你们父子的，为什么不把它夺回来呢？为了此事，我的二哥和五弟被害，今日苍天佑你，我一定帮你。』

兀欲本有许多顾虑，可经不住安端的百般唆使，于是自立为帝。安端挟持兀欲逼迫述律平承认了这个事实，他自己也因功高，被封为明王。

【品读】

智慧的运用，其中一个重要的规律便是权衡利弊、隐藏智慧，这是真正的智者应该做到的。如果外露智慧，处处显能，不仅招人嫉恨，而且还会把自己的一切暴露无遗。如果这样做，会使自己陷于被动。小人多是有智慧的人，和君子相比，他们的智慧却常常为人忽视，这其中的原因之一，就是小人善于伪装。他们掩饰自己，佯作无知，不仅满足了别人的虚荣心理，讨其欢心，也令对方放松了戒备，使他们的计划能够得逞。

二四、扭转局面的述律平

大辽皇帝耶律阿保机死后，皇后述律平为了另立太子，便对扶保太子的大臣们展开了杀戮。

述律平深知此事不能明说，需有一个适当的理由，于是她在耶律阿保机入土前，把十名近臣召到面前，对他们说：『先皇和你们情同手足，你们也为国家立有大功。先皇在世时凡事都和你们商议，一日离不得，可见先皇对你们的依赖之深了。我本想重用你们重振基业，整顿朝纲，可这只是我的私心，先皇在天之灵必定不允。先皇比我更需要你们辅佐，我不能因己之私，而让先皇感到孤单寂寞啊。』

契丹人深信鬼神之说，述律平以此做幌子，虽然人人都明白她的用意，却一时无法驳辩，个个惊慌失措；十名近臣更是瞠目结舌，猝不及防。

十名近臣之中，有一个叫赵思温的人镇静下来，他忽发重声说：『臣有话要说。』

述律平见他开口，只道：『有事快奏，莫非你不愿侍奉先皇？』

赵思温走到述律平近前，大声说：『先皇对臣有大恩，早思报效。今日皇后懿旨，正合臣的心意，臣焉有不愿之理？』

述律平听他之言，放下心来，她故作悲情地说：『你的忠心，可嘉可勉，你安心去吧，想必先皇也会赞你忠义。』

赵思温一脸平和，脚下却是纹丝不动，他又说：『先皇和皇后的恩爱，世人皆知，万众称颂。皇后和先皇南征北战，同甘共苦，乃是患难夫妻，此中深情更是无人可比，人所崇敬。以此论断，与先皇最亲最近的人，非皇后莫属，我等臣子尚且甘愿侍奉先皇于地下，皇后更不该不落于人后，理当先臣等一步去追随先皇啊。』

赵思温说得句句有理，无懈可击，述律平心中恨骂，也被这突来的变故搞得不知所措。她定下心来，遂即掩面大哭，后道：『你说得不错，我何尝不愿去地下服侍先皇呢？先皇创业艰难，征战无数，才打下这大好江山，如今天下无主，我若撒手不管，岂不让先皇的基业一日废弃？我想这么做，先皇也会怪我不识大体啊！此事实在两难，我有什么办法呢？』

群臣听她之言，心中难服，面上皆露出狐疑之情。述律平偷视众人，心知此事若没有一个好的应对，是无法收场了。她虽不惜杀伐，可众人终不能一一杀尽，不把他们蒙骗过去，对自己驾驭他们更是不利。

述律平头脑飞转，思量应变之策。她暗暗咬牙，一下抽出身边侍卫身上的佩刀，刀光一闪，但见述律平已将自己的右腕剁下，鲜血四溅。

众人惊骇不已，又听述律平颤声说：『我恨不能陪先皇于地下，却也不能有违恩义之道。请将我的断腕置入梓宫之中，以示以身殉葬之意。』

众人见她泪如雨下，断腕刺目，一时都被震慑住了，无人再提出异议。他们虽怨她杀戮大臣，此时也怒气渐消。述律平依此扭转了不利局面，她的地位愈加牢固了。

【品读】

事物的变化是无处不在的，认识到这一点，如何应变、如何在变故中立于不败之地，就是每个人必须思考的问题了。把情感深藏起来，把事情搞得神秘，隐藏自己的内心，这样做不仅可以随时顺应变化，而且还可以收揽人心。有时纵然吃点小亏，有所舍弃，也要为了大的目的实现而拼命掩饰，以适应不断变化的形势。

二五、被罢官的朱熹

朱熹为南宋大儒，在朝为官时心直口快，不畏权贵。他对权臣韩侂胄的小人模样多有讥讽，为此担心他安危的朋友反复对他说：『你不是不知此中厉害，为何自找麻烦？古往今来都讲究避祸二字，莫非你想舍生成仁吗？』

朱熹回答说：『朝堂之上，总要有一个敢讲真话的人吧。我饱读圣贤之书，又怎能学那小人所为，不发一言？可恨我能做的仅此而已，不能为朝廷除去奸邪。』

右正言黄度为人正派，他早对韩侂胄专权乱政的行为十分痛恨，于是他找到朱熹，想和他联名弹劾韩侂胄。

朱熹对黄度的建议虽心底叫好，一想到此中的后果便不寒而栗，他试探着对黄度轻声说：『我等职微言轻，若是联合群臣上谏，胜算便多了几分，不如我们稍待些时日吧。』

黄度冷冷一笑，说：『先生若怕报复获罪，但可明言，大可不必转弯抹角，说这些搪塞之词。我敬你君子气节，想不到不过如此胆小怕事。』

黄度起身便走，朱熹忙拦住他说：『韩侂胄蒙蔽了皇上，窃取了高位，他虽是小人，却也不是等闲之辈呀。我并非怕事之人，想想从前直言无功，这次也得寻个万全之策了，你何必急于一时？』

黄度不听，又暗中联络他人，结果计划泄露，遭到贬黜。

朱熹为黄度痛惜，他对好友彭龟年流泪自责说：『我枉为君子，却是落在了黄度之后，我决心向朝廷进言。』

彭龟年叹息说：『我们都是有事藏不住的人，怎么会斗得过善于攻心的小人呢？从前我还对此不信不服，黄度之祸，却让我哀叹连连。算了吧，与其明知于事无补，倒不如保住功名，以待他日。』

朱熹指着他说：『这个时候，最能显现一个人的节操，焉能以成败论英雄？我明知不可为之，却偏要为之，就是要让世人知道良心未泯。我再也忍耐不住，只盼你不要说我意气而为，也就是了。』

朱熹直言上谏，文辞激烈，义正词严，韩侂胄十分愤怒，表面上却故作委屈地对宁宗赵扩说：『臣为皇上日夜操劳，不敢稍有懈怠；臣为国事不敢有私，方有今日之祸。朱熹等人，自以为学问高深，从不把国家臣子放在心里，日夜抱怨不为皇上看重，怀才不遇，故有迁怒于臣下之举。臣并不恨他结怨于我，却是担心他乱言惑众，损害皇上唯才是举、德被天下的名声啊。』

宁宗最讨厌的就是读书人的狂放不羁，指斥朝廷，他为韩侂胄的言词打动，不假思索地便下令免去朱熹的官职。韩侂胄犹不解气，他让演戏的人戴着高帽子，穿着宽大的袖衣，打扮成大儒的样子，到朱熹的面前百般戏弄他。朱熹心中气愤已极，面上却只能强自忍耐，苦笑不止。

【品读】

社会的复杂性和政治的残酷性，小人对此的认识并不比君子深刻。应当指出的是，君子们的处世哲学表现在直抒胸臆，口无遮拦，无形中让自己暴露无遗，这不仅会让小人抓住把柄，也会令喜欢谄媚的统治者心有不快。与君子相反，小人总是把别人的心里所想当作自己言说的准绳，从不轻易显现自己的真实想法。

这是小人得宠的一个重要原因，也是他们迷惑世人的一个关键伎俩。君子们祸从口出，小人们大奸若忠，都可以在此找到很好的解释。

二六、胡惟庸的诡计

明太祖朱元璋称帝后，长期重用胡惟庸为相。胡惟庸曲意逢迎朱元璋，背地里却独断专行，贪赃纳贿。朝中大臣中的正直者对他多有揭发，胡惟庸怀恨在心，对这些揭发他的罪行的大臣怀恨在心，于是给他们罗织罪名，一一治罪。大将军徐达德高望重，只因说过他几句坏话，他也想收买徐达的门人福寿，用以打击徐达，只因福寿拒不从命，他的阴谋才没有得逞。

胡惟庸小人得志，野心愈加膨胀。他在定远旧宅的井中，生出石笋，露出水面几尺高，那些攀附他的人便争相谄媚说：『丞相决非凡人，井生石笋，乃降瑞呈祥之兆，此中真意，自是昭显丞相还要贵上加贵，贵不可言啊。』

胡惟庸心中高兴，却故作平常之状，懒懒地说：『我已位居丞相之位，一人之下，万人之上，我升无可升了，何贵之有？』

摸透他心意的人趁此便撒谎说：『天降祥瑞，自有玄机。我亲见丞相祖父三世的坟墓上，夜间火光照天，远近皆见，丞相必会再进一步。』

胡惟庸信以为真，从此更加自负，渐生谋反之心。吉安侯陆仲亨、平凉侯费聚素来悍勇，胡惟庸为了将他们收为己用，下了不少功夫。胡惟庸曾派亲信面见二人，对他们说：『丞相大人赏识你们的才干，故而命小的前来问候。』

二人莫名其妙，待见胡惟庸带来的礼物十分厚重，他们却都拒绝了。

胡惟庸见陆仲亨、费聚不肯归附，心中生恨。他的死党劝他说：『他们二人虽是愚鲁，对朝廷倒是忠心耿耿。丞相既是无法收服，何不找个罪名将他们一并铲除，以绝他日之患？』

胡惟庸默然不语，后说：『他们正值春风得意，自不会轻易变节投我了。看来若要他们为我做事，还需另寻他策啊。』

胡惟庸自此改变策略，派人监视他二人的一举一动。后来陆仲亨从陕西回来，擅自乘坐驿站的车船，胡惟庸抓住陆仲亨的这个过失，马上向朱元璋做了汇报。朱元璋闻讯大怒，斥责陆仲亨说：『天下百废待兴，而你却不顾民生疾苦，加重百姓的负担，以为享受。若是天下官吏都像你一样，大明江山还坐得住吗？』

陆仲亨被罚去代县捕盗。费聚奉命安抚苏州军民，他嗜酒好色一事，胡惟庸侦知后又报告给了朱元璋。朱元璋于是贬他去西北招降蒙古，费聚劳而无功，又遭朱元璋严词痛责。

二人惶恐不可终日之际，胡惟庸却高兴地对其心腹说：『深陷困境，是一个人意志最薄弱的时刻；面临危险，又是一个人最易改变志向的时候。我现在已把他们逼入此境，相信他们不会再拒绝我了。』

胡惟庸命人把陆仲亨、费聚召至府中，酒酣之时，胡惟庸说：『你们以君子自居，结果却是身获其罪，为皇上所不容。老实说，你们所犯的那些事，可大可小，可为什么你们却致祸如此呢？一句话，只因皇上并不看重你们。否则，你们所犯的罪即使再大，皇上也不会深究的。』

陆仲亨、费聚深有同感，流下眼泪。胡惟庸屏退左右，低声对他们说：『我听说皇上还要杀你们，这就太过分了，俗话说，他不仁，我不义，二位劳苦功高，就肯束手待毙？』

陆仲亨、费聚一听头皮发麻，他们深知朱元璋的性格，于是双双跪倒，恳求胡惟庸保全。胡惟庸自拍胸脯，大声说：『有我胡惟庸在，自不会让皇上伤你们分毫。不过保得了一时，也保不了一世，二位可听我的劝告吗？』

陆仲亨、费聚此时节义全失，只是唯唯诺诺。胡惟庸于是说明了自己的意图，让他们在外面收集兵马。二人半晌无语，最后还是答应下来，成了胡惟庸的帮凶。

【品读】

自古以来君子难做，君子不仅要抗拒世俗的诸多诱惑，而且还要在穷困之时不改其志。许多人堕落为小人，不是因为他们欲望太多，而是因为日暮途穷、饥不择食。应该指出的是，人性的这种弱点，往往被小人所利用，他们总是将君子逼入困境，使其危难，动摇其意志，迫其放弃操守、改弦更张。人在困难的时刻，是最能考验君子人格的关键之时，立场不坚定者常常会败下阵来，干些违心的事以求过关，有的甚至和小人同流合污，彻底地蜕化为一个小人。

本章释评

本章所讲的重点就是『见什么人，说什么话』，根据游说对象的不同，选择不同的讲话方式，扬长避短、权衡利弊，在游说的过程中挥洒自如，掌握说话的主动权。